毎日の読書

「教会の祈り」読書 第二朗読

第 1 巻
待 降 節
降 誕 節

カトリック中央協議会

はじめに

『毎日の読書』は、『教会の祈り』の「読書」第二朗読を翻訳したものです。「神の民、なかでも特別に主に奉献された人々に、より豊かな聖書の黙想とすぐれた霊的著作の抜粋を提供すること」(『教会の祈り』の総則55)を目的とする「読書」は、従来は「朝課」と呼ばれ、夜中の賛美としての性格をもっていましたが、第二バチカン公会議後の典礼刷新により、一日のうちのいつでも唱えることができるようになりました。ただし「晩の祈り」の後に行う場合は、翌日の典礼の準備や黙想のために次の日の「読書」を唱えることがすすめられています。

第一朗読

第一朗読では、聖書が読まれます。『教会の祈り』の規範版には、一年周期の朗読配分が掲載されていますが、他に自由に用いることのできる二年周期の朗読配分が発表されています。『毎日の読書』では一年周期の朗読配分にもとづいて朗読箇所と主題句を載せ、二年周期の配分は巻末に掲載しました。この聖書朗読配分は、「幾年かを一定の周期として聖書の主要部分を会衆に向かって朗読するべきである」(『典礼憲章』51)、という主旨のもとに作られたものですから、自由に変えてしまうことは望ましくありません。特に、待降節、降誕節、四旬節、復活節には、そこで指示される配分から離れてはいけないことが明示されています。ただし、年間の場合は、正当な理由があれば指示とは別の聖書の箇所を選ぶこともできるようになっています(『教会の祈り』の総則 248～249参照)。なお、朗読箇所の指示は『聖書　新共同訳』(一九八七年版)の章・節の区切り方に従ったため、翻訳の関係で、規範版が指示する節で切ると意味が通らない箇所については、適宜ふさわしい箇所を指示しました。

第二朗読

第二朗読では教父や教会著作家による聖書の注解や説教、典礼季節や祝日についての解説などが読まれます。これらは、教会の偉大な遺産と伝統の宝庫を開いて、霊的生活の基礎と信仰の糧を与える重要なものから選ばれています。また、聖人の祝祭日や記念日には、その日に祝う聖人自らの著作や手紙など、あるいは、その聖人について書かれたものが読まれます。

①翻訳について

翻訳にあたっては、可能なかぎり原文から翻訳することを原則としました。したがって、規範版はすべてラテン語ですが、原文がギリシャ語のものはギリシャ語から翻訳しました。訳語と文体に関しては、統一性をもたせるように心がけましたが、翻訳者が多数におよぶため、統一できない箇所があります。なお、意味がわかりにくい箇所は、適宜言葉を補いました。

②聖書の引用について

聖書の引用にあたっては、『聖書 新共同訳』の使用を原則としましたが、原文の都合で必ずしも従わなかった箇所があります。その場合は、文脈に合わせて原文から翻訳しました。引用、あるいは参照されている聖書の箇所は、注として各第二朗読の終わりに記しました。

③「第三朗読(任意)」について

ふつう、第二朗読に続いて答唱が唱えられた後は結びの祈願になりますが、任意にもう一つの朗読を加えることができる日があります。これは、12月17日から12月24日までの週日および主の降誕の八日間中の週日、四旬節中の週日に聖人を記念する場合です。この季節には義務の記念日は祝いませんが、任意の記念日は祝うことができます。『教会の祈り』の総則239ａに指示されているように、「その季節の固有部にある教父の文書を朗読してその答唱を唱えた後、固有の聖人言行録とその答唱を加え、聖人の祈願で結ぶ」ようにします。この固有の聖人言行録にあたるのが「第三朗読」ですから、これを任意に「読書」で唱えるときは、以上のようにしてください。

答唱

規範版には、第一朗読と第二朗読の後に、それぞれ答唱が唱えられるようになっていますが、『毎日の読書』では省略してあります。したがって、従来どおり朗読の後に沈黙の一時をとって、黙想にあてるようにしてください。また、特に第一朗読の場合は、朗読された聖書の箇所から、祈りのために助けとなるような短い箇所をくり返して読むようにすることも可能です。

なお、第二朗読を翻訳するにあたって、多くの方々にご協力いただきましたが、訳語や文体の統一などの編集作業はすべて典礼委員会の責任のもとに行いました。

目次

降誕節（主の公現後）　107

祝日固有　127

待降節（12月16日まで）

待降節第一主日

第一朗読　イザヤ1・1―18　　民への非難

第二朗読

エルサレムの聖チリロ司教の教話

イエス・キリストの二つの到来

わたしたちはキリストの到来を告げます。ただ一つの到来ではなく、第二の到来も告げ知らせます。この第二の到来は、先のものよりはるかに輝かしいものです。第一の到来は忍耐を示すものでしたが、第二の到来は、王としての支配を表す冠を帯びて来るキリストの到来です。

わたしたちの主イエス・キリストに関する出来事は、ほとんどの場合、二通りのしかたで起こります。二つの誕生、すなわち、世界が始まる前の〔父なる〕神からの誕生と、時が満ちたときの処女《おとめ》〔マリア〕からの誕生があります。到来にも二つあり、一つは羊の毛の上に降る雨のように、[1] 音もなく目立たない到来であり、もう一つは将来起こる輝かしい到来です。

第一の到来では、キリストは布にくるまれて飼《か》い葉《ば》桶《おけ》に寝かされ、[2] 第二の到来では、光を衣として身にまとっておられます。[3] 第一の到来では、恥をもいとわずに十字架を担われ、[4] 第二の到来では、栄光を帯びた者として天使たちの大群を従えておいでになるのです。[5]

ですから、第一の到来だけにとどまらず、第二の到来を待ちましょう。第一の到来のときに、わたしたちは「主の名によって来られる方に、祝福があるように」[6] と言いました。第二の到来のときにも同じことを繰り返すことになるでしょう。それは、天使たちと共に主を出迎え、ひれ伏して、

「主の名によって来られる方に、祝福があるように」と言うためです。

救い主は、もう一度裁きを受けるために来られるのではありません。ご自分を裁いた人々を裁きに来られるのです。初めに裁かれたときに沈黙を守られた主は、ご自分を十字架につけ、悪行をはたらいた者たちにこのことを思い起こさせて、「お前たちはこのようなことをしたが、わたしは沈黙した」[7]と言うでしょう。

初めに主は人々を説得し、教えて、救いの計画を果たすために来られました。第二の到来では、主の支配を認めようとしない人々も必然的に主の支配下に置かれるでしょう。

預言者マラキはこれら二つの到来について、次のように語っています。「あなたたちが待ち望んでいる主は、突如、その神殿に来られる。[8]」これは第一の到来です。

第二の到来について預言者は続けて語っています。「あなたたちが喜びとしている契約の使者、見よ、全能の神が来られる。だが、この方の来る日にだれが耐えられようか。この方の現れるとき、だれが耐えられようか。まことに、この方は精錬する者の火、布をさらす者の灰汁《あく》のようだ。この方は精錬する者、清める者として座に着く。[9]」

パウロもテトスにあてた手紙の中で、これら二つの到来について次のように書き記しています。「すべての人々に救いをもたらす神の恵みが現れました。その恵みは、わたしたちが不信心と現世的な欲望を捨てて、この世で、思慮深く、正しく、信心深く生活するように教え、また、祝福に満ちた希望、すなわち偉大なる神であり、わたしたちの救い主であるイエス・キリストの栄光の現れを待ち望むように教えています。[10]」パウロがまず第一の到来について語り、そのために感謝し、次に、わたしたちが待っている第二の到来について語ったということがおわかりになったでしょう。

それで、わたしたちが宣言する信仰は、今の形で伝えられ、わたしたちが信じるのは、天に昇って、父の右の座におられる方。その方は栄光のうちに再び来られ、生者と死者を裁き、その支配は終わることがありません、と言うのです。

ですから、わたしたちの主イエス・キリストは天から来られます。この世の終わりに、その最後の日に、栄光を帯びて来られるのです。事実、この世はいつか終わり、造られたこの世は新たにされるのです。

1 士師記6・36―38参照　2 ルカ2・7参照
3 詩編104・2参照　4 ヘブライ12・2参照
5 マタイ25・31参照　6 同21・9　7 詩編50・21　8 マラキ3・1　9 同3・1―3　10 テトス2・11―13

待降節第一月曜日

第一朗読　イザヤ1・21―27、2・1―5

シオンの審判と救い、終わりの日の平和

第二朗読

聖カロロ・ボロメオ司教の司牧書簡

待降節の意義

愛する皆さん、いつも大きな熱心をもって祝われる待降節がめぐってきました。聖霊の教えるとおり、神の恵みの時、救いと平和と和解の日です。[1] 古代の太祖と預言者たちは、どれほど切なる願いとあこがれをもって、この時を待ち望んだことでしょうか。あの義人シメオンは、あふれるばかりの喜びのうちに、ついにこの時の到来を見たのです。そして、教会はいつもこの待降節を非常に熱心に祝ってきたのです。ですから、わたしたちも御ひとり子の到来という、この神秘のうちに表された神のあわれみについて、永遠の父を信心深くほめたたえ、感謝のうちにこの聖節を過ごそうではありませんか。実に、御ひとり子の到来のとき、父は限りない愛に駆られて、わたしたち罪びとを悪魔の恐ろしい支配から救い出し、わたしたちを天国に招き、そのふところに入らせ、真理そのものを示してくださいました。そして清い風習を教え、徳を育み、恵みの宝で豊かにし、さらにわたしたちを神の子、永遠のいのちを受け継ぐ者としてくださるために、御子を遣わしてくださったのです。

教会が年ごとにこの神秘を祝うとき、わたしたちは、人間に対する神のこれほど大きな愛を絶えず思い起こすように促されます。また、キリストの到来は、その時代に生きていた人々に恵みとなっただけでなく、その実りはわたしたちにも及ぶものだということを学びます。わたしたちが、キリストの勝ち得てくださった恵みを聖なる信仰と秘跡によって受け入れ、これを基準とし、キリストに従って自分の生活を整えるなら、確かにこの実りを受けるのです。

また、教会は次のことを理解するように求めています。すなわち、主はただ一度、人となってこの世に来られましたが、それと同様に、わたしたちが妨げを取り除くならば、主は再び豊かな恵みを携えて、いつでもわたしたちの心を訪れ、そこに住もうとしておられるのです。

ですから、教会は、わたしたちの救いについて心を配るいつくしみに満ちた母のように、この待降節にあたって、賛美の歌や聖歌、聖霊の霊感によるその他のことばとしるしをもって、これほど大きな神の恵みを感謝のうちに受け、その恵みの実りで自分を富ませることを教えています。ですから、主の到来に備え、熱心に主・キリストを迎える準備をしましょう。旧約の先祖たちは、自分たちに倣うように、言葉と模範によってこの熱心をわたしたちに教えたのです。

1二コリント6・2参照

待降節第一火曜日

第一朗読　イザヤ2・6―22、4・2―6　**神の裁き**

第二朗読

ナジアンズの聖グレゴリオ司教の説教

なんという賛嘆すべき交換

神のことば、世々に先立って存在する方、目に見えない方、とらえがたい方、物質とは無縁の方、初めよりの初め、光よりの光、生命と不死の泉、原型の表れ、不動のしるし、御父の完全な似姿、御父の顕《あらわ》れとことばである方が、ご自分の像として創造された人間のもとに来られ、人間の肉体を救うために肉体を受けとり、魂を救うために人間の霊魂と一致し、ご自分の肉体と霊魂によって、それと同様なものである人間の霊肉を清められました。主は、罪を除いてすべての点で人間となられたのです。聖霊によって霊魂と肉体をあらかじめ清められていた処女《おとめ》マリアが、主を受胎しました。事実、母となるという尊厳と、処女であるというういっそう大きな尊厳をマリアに保たせることがふさわしいことだったのです。互いに反対する二つのもの、すなわち、肉と霊からなる唯一ののである主は、人間性を受けとった神として現れました。主の霊は肉を神化し、肉は霊によって神化されたのです。

他の人々を豊かにしてくださる主が貧しい者となられました。[1] わたしが主の神性の豊かさを獲得するために、主はわたしの肉の貧しさを耐え忍ばれました。満ち足りた主が空《から》になられ、わたしが主の充満にあずかるために、ご自分の栄光を一時《ひととき》むなしくなさいました。[2]

なんとはかり知れない善良さでしょう。なんとすばらしい秘義がわたしに実現したのでしょう。わたしは神の似姿として造られましたが、その似姿を保ちませんでした。主は神の似姿として創造された人間を救い、人間の肉体に失うことのないいのちをもたらすために、わたしの肉体を受けとられました。主は、わたしと新たな交わりを持たれました。それは実に、最初の交わりよりはるかにすばらしいものです。

神によって受けとられた人間性によって、人間が聖化されることが必要でした。それは、主が悪魔という暴君を力で打ち負かし、わたしたちを解放するためであり、さらに、御子の仲介によってわたしたちをご自分のもとに導くためでした。このことは、それを配慮なさった御父の栄えのためでした。主はすべてにおいて御父に従う方として現れています。

さまよっている羊のもとへ、あなたが異教の神神にいけにえをささげた山や丘へ、[3] 羊たちのためにご自分のいのちを捨てるあのよい牧者[4]が来られます。そして、さまよっている羊を見つけ、後に十字架をも担がれたその肩に見つけた羊を乗せ、乗せたその羊を天上のいのちへと導き入れてくださったのです。

先ぶれの明かりであったヨハネ[5]の後に、最も輝かしい光が到来します。声であったヨハネ[6]の後にことばが、仲人《なこうど》に続いて花婿[7]が来られます。このヨハネは、主のものとなる民を主のために準備し[8]、その民が後に聖霊を受けるために、先に水によって洗い清めました。

わたしたちはいのちに至るために、肉体を受けて死に渡される神を必要としていたのです。わたしたちは清められるために主と共に死にました。共に死んだのですから、共に復活しています。共に復活したのですから、共に栄光を受けているのです。

1 二コリント8・9参照　2 フィリピ2・7参照　3 ホセア4・13参照　4 ヨハネ10・11参照　5 同5・35参照　6 イザヤ40・3参照　7 ヨハネ3・29参照　8 ルカ1・17参照

待降節第一水曜日

第一朗読　イザヤ5・1—7　　**ぶどう畑の歌**

第二朗読

聖ベルナルド修道院長の説教

神のことばはわたしたちのうちに来られる

わたしたちは主の三重の来臨があることを知っています。第三の来臨は、ほかの二つの来臨の中間にあるものです。二つの来臨ははっきり見えるものですが、第三の来臨は目に見えるものではありません。主は第一の来臨のときに地上に姿をお見せになり、人々と共に生活されました。主自ら、彼らはわたしを見たうえで憎んだ、と証言しておられるとおりです。[1] 最後の来臨のとき、すべての人はわたしたちの神の救いを見、[2]「自分たちの突き刺した者を見る」[3]ことになるわけです。中間の来臨は隠されています。この来臨のとき、ただ選ばれた者だけが魂の奥で主を見、彼らの霊魂は救いを得ることになるのです。したがって、主は第一の来臨では肉と弱さのうちに、中間の来臨では霊と力をもって、[4]そして第三の来臨では栄光と威厳をもって来られるのです。[5]

中間の来臨は、第一の来臨から最後の来臨までの間を結ぶ道のようなものです。キリストは第一の来臨のとき、わたしたちの贖《あがな》いとなられたのですが、最後の来臨のときは、わたしたちのいのちとして現れることになります。そして中間の来臨のときには、わたしたちの憩い、慰めとなられるのです。

この中間の来臨について述べていることが、単なるわたしの作り話と思われては困りますので、どうか主ご自身のことばを聞いてください。「わたしを愛する人は、私のことばを守る。わたしの父はその人を愛し、父とわたしとはその人のところに行き、そこに住む。」[6]ところで、この「わたしを愛する人は、わたしのことばを守る」とは、いったいどういう意味なのでしょうか。わたしは聖書の他の箇所で、「主を畏《おそ》れる人は善を行う」[7]という句を読んだことがありますが、イエスがご自分を愛する人について、「わたしのことばを守る」と仰せられたのは、それ以上の何かを言いたかったからではないでしょうか。それでは、主のことばはどこで守られるのでしょうか。「わたしは仰せを心に納めています。あなたに対して過ちを犯すことのないように」[8]、と預言者が言っているように、それを心のうちで守るべきことは明らかです。

このように神のことばを守りなさい。「神のことばを守る人は幸い」[9]だからです。このことばがあなたの魂の奥に導き入れられ、あなたの心の動きとふるまいの中で生かされますように。おいしいものを食べなさい。そうすれば魂はその食物のゆえに楽しむことでしょう。[10]あなたの心が情味《じょうみ》に欠けず、脂肪のあるおいしい食べ物によって満たされるために、あなたのパンを食べることを忘れないでください。[11]

このように、あなたが神のことばを守るなら、あなたもまた、確かにそのことばに守られることになります。御子は御父と共にあなたのところにおいでになり、エルサレムを再興する偉大な預言者として来てくださるに違いありません。[12]そして万物を新しくしてくださるでしょう。[13]それは、主のこの中間の来臨によって次の結果が生じるからです。すなわち、「わたしたちは、土で造られた最初の人間の生き写しとなっているように、天に属するものである第二の人間の生き写しにもなる」[14]のです。古いアダムが人間全体に浸透し、人間全体を支配していたように、今からキリストが、人間全体をご自分のものとしてくださいますように。

このキリストは人間を全体として創造し、全体として贖い、ついに人間に全体として栄光を与えてくださるのです。

1 ヨハネ15・24参照　2 ルカ3・6参照　3 ヨハネ19・37　4 一コリント2・4参照　5 マタイ24・30参照　6 ヨハネ14・23　7 シラ15・1（ヴルガタ）　8 詩編119・11　9 ルカ11・28　10 イザヤ55・2参照　11 詩編102・5参照　12 ルカ7・16参照　13 黙示録21・5参照　14 一コリント15・49

待降節第一木曜日

第一朗読　イザヤ16・1―5、17・4―8

モアブの逃れ場シオン、エフライムの回心

第二朗読

聖エフレム助祭の『ディアテッサロン注解』

目覚めていなさい、主は来られる

キリストは、ご自分の再臨の時について弟子たちが尋ねることのないように、「その日、その時は、だれも知らない。天使たちも子も知らない。その時や時期は、あなたがたの知るところではない[1]」と言われた。キリストがその再臨の時を隠されたのは、わたしたちが目覚め、各自が自分の生涯のうちにその時が来ると思うようにするためである。もしいつ来るかが啓示されていたとすれば、キリストの来臨はその味を失うであろうし、またあらゆる時代の民は、それを待ち望まないであろう。キリストはご自分が来ると言われたが、いつ来るとは言われなかった。[2]それはすべての人、あらゆる時代がキリストを熱心に待ち望むためである。

主はご自分の来臨の前兆となるさまざまな出来事を知らせたが、それらがどの時点を指しているかということは、はっきりとわからない。これらの出来事は、いろいろ変化したり、来たり、また去ったりして、今も続いているからである。終末におけるキリストの来臨は、その第一の来臨に似ているのである。

義人たちや預言者たちが、自分たちの時代にキリストが来られるであろうと思って、第一の来臨を待ち望んで[3]いたのと同様に、今日のキリスト信者の一人ひとりが、自分たちの時代にキリストを迎えることを望んでいる。ご自分の来られる日をキリストが明らかにされなかっただけに、それを望んでいるのである。キリストがご自分の来られる時を特に明らかにされなかったのは、時空《じくう》を権威と主権をもって治めているご自身が、運命や特定の時間に従属していると考える人がいないようにするためである。キリストがご自分の来臨の時を自ら決められたので、その時はキリストに隠されているはずがない。それは、キリストがご自分の来臨の前兆を自ら描写されたことからもわかることである。キリストがそのようにされたのは、その日から後の世のすべての国民と世代に、キリストの来臨が自分たちの時代に起こると考えさせるためであった。

目覚めていなさい。肉体が眠っているとき、わたしたちを支配しているのは自然であり、そのときわたしたちの活動はわたしたちの意志ではなく、自然の衝動によって導かれているからである。また、弱さと悲しみの重い無力感が人の魂を支配しているとき、魂そのものの意向に反して魂を治め、導いているのは敵である悪魔なのである。眠るときには自然の力が人を支配し、無力を感じるときには敵である悪魔が魂を支配している。

だから、わたしたちの主は、魂と肉体の目覚めについて話されたのである。肉体が重い眠りに、魂が鈍さに沈まないためである。聖書はこう言っている。「正義があなたがたを目覚めさせるように。」[4]また、「わたしは起きて、なおあなたと共にいる」[5]、さらに、「落胆してはならない。わたしたちは務めをゆだねられているのだから、落胆しないのである」[6]と語っている。

1 マタイ24・36　使徒言行録1・7　2 マタイ24・3参照　3 同13・17参照　4 一コリント15・34　5 詩編139・18（ヴルガタ）　6 二コリント4・1

待降節第一金曜日

第一朗読　イザヤ19・16―25　**エジプトとアッシリアの回心**

第二朗読

聖アンセルモ司教の『プロスロギオン』

神を眺める望み

卑小な人間よ、今しばらくの間、自分の職務を離れ、喧騒《けんそう》をきわめる思いから、しばし身を引け。今は重荷となっている杞憂《きゆう》を忘れ、心を乱す業務の履行を延期せよ。しばらくの間、神のために時間を割き、しばし神のうちに憩え。

あなたの精神の個室に入り、神と、神を求めるために助けとなるもの以外はすべてを排除し、戸を閉めて神を求めよ。[1]今こそわたしの心よ、神に語れ。あなたのみ顔をわたしは求める。「主よ、わたしはあなたのみ顔を求めます。」[2]

そこで、今こそ、主なるわたしの神よ、どこでどのようにしてあなたを求め、どこでどのようにしてあなたを見いだしたらよいのか、わたしの心にお教えください。

主よ、もしここにおられないなら、ここにおられないあなたをどこに求めたらよいのですか。どこにでもあなたがおられるなら、なぜわたしにはここにおられるあなたが見えないのですか。しかし、確かにあなたは近づきがたい光のうちにお住まいです。[3]では、近づきがたい光はどこにあるのですか。あるいは、どのようにして近づきがたい光に近づくのですか。あるいは、この光のうちにあなたを見るために、だれがわたしを導き、その光のうちに導き入れてくれるのですか。さらに、どのようなしるしにより、どのようなみ顔のもとにあなたを求めたらよいのですか。

主よ、わたしの神よ、わたしはあなたを一度も仰ぎ見たことはなく、あなたのみ顔を知りません。至高の主よ、あなたより遠く離れ、追放の身にあるわたしは何をしたらよいのですか。あなたへの愛に苦しみ、あなたのみ顔から遠く捨てられているこのあなたのしもべは、何をしたらよいのですか。あなたを仰ぎ見ることをひたすら願いますが、あなたのみ顔はあまりにも遠く離れています。あなたに近づくことを望みますが、あなたの居所《いどころ》を知りません。あなたを求める心ははやりますが、あなたのみ顔を知りません。

主よ、あなたはわたしの神、わたしの主です。しかし、わたしは一度もあなたを仰ぎ見たことはありません。あなたはわたしを創造され、また新たにされ、わたしのすべての善はあなたがわたしに与えてくださったのです。しかし、わたしはあなたをまだ仰ぎ見たことはないのです。つまり、わたしはあなたを仰ぎ見るように造られたにもかかわらず、わたしはその創造された目的を果たしていません。

しかし、主よ、いつまでわたしたちをお忘れになるのですか。[4] いつまでみ顔をわたしたちから隠しておられますか。いつわたしたちを顧み、耳を傾けてくださいますか。いつわたしたちの目に光を与え、あなたのみ顔をわたしたちにお示しになられるのですか。いつわたしたちに和解の手を再び伸べられるのですか。

主よ、わたしたちを顧み、耳を傾け、光を照らし、わたしたちにあなたご自身を現してください。あなたなしではあまりに不幸なわたしたちが、幸福になれるように和解の手を伸べてください。あなたなしでは何事もできないわたしたちのあなたへ向かう労苦と努力に、あわれみを重ねてください。

あなたを求めることをわたしに教え、求めるわたしにあなたを現してください。あなたが教えてくださらなければ、あなたを求めることはできず、あなたが現してくださらなければ、あなたを見いだすこともできません。渇望しつつあなたを求め、求めながらあなたを渇望しますように。愛することのうちにあなたを見いだし、見いだしてあなたを愛しますように。

1 マタイ6・6参照　2 詩編27・8　3 一テモテ6・16参照　4 詩編13・2参照

待降節第一土曜日

第一朗読　イザヤ21・6―12　　バビロン陥落の予告

第二朗読

聖チプリアノ司教殉教者の『偉大なる忍耐』

わたしたちは見えないものを希望している

わたしたちの教師である主の救いの戒めは、「最後まで耐え忍ぶ者は救われる」[1]ということであり、また、「わたしのことばにとどまるならば、あなたたちはまことにわたしの弟子である。あなたたちは真理を知り、真理はあなたたちを自由にするであろう」[2]ということです。

親愛なる兄弟の皆さん、真理と自由を得る希望を与えられたわたしたちが、真理と自由そのものに達しうるためには、辛抱し、忍耐し続けなければなりません。なぜなら、わたしたちがキリスト者であるということそれ自体、信仰と希望にかかわることだからです。その希望と信仰とが実を結ぶためには、忍耐が必要なのです。

わたしたちはこの世の栄光ではなく、将来の栄光を追求しています。このことを使徒パウロも忠告して、「わたしたちは、希望によって救われているのです。見えるものに対する希望は希望ではありません。現に見ているものをだれがなお望むでしょうか。わたしたちは、目に見えないものを望んでいるなら、忍耐して待ち望むのです」[3]と言っています。わたしたちが今のこの希望を完成するためには、また、希望して信じるものを神の恵みによって獲得するためには、待ち望むことと忍耐することが必要なのです。

同じ使徒は他の箇所で、働きながら神からの利子の増加によって天上の宝を自分のために蓄えている義人が、さらに忍耐強くあるように説いて、「ですから、時のある間に、すべての人に対して、特に信仰によって家族になった人々に対して、善を行いましょう。たゆまず善を行いましょう。飽きずに励んでいれば、時が来て、実を刈り取ることになります」[4]と教えています。

彼は、忍耐を欠いて努力をやめる者がないように、誘惑の声に耳を傾けたり誘惑に負けたりして、賛美と栄光の道を中途で引き返すことのないように、また、いったん〔救いにあずかった〕状態を完成せずに、その状態まで失ってしまうことのないように戒めています。

また、使徒パウロは愛について語るとき、それに辛抱と忍耐を結びつけました。「愛は寛容。愛は情け深い。ねたまない。愛は自慢せず、高ぶらない。愛はいらだたず、恨みを抱かない。愛はすべてをいつくしみ、すべてを信じ、すべてを望み、すべてに耐える。[5]」こうしてパウロは、愛が何事にも耐える力を人に与えるからこそ、人は粘り強く堅忍しうるということを示すのです。

さらにパウロは他の箇所で、「愛をもって互いに忍耐し、平和のきずなで結ばれて、霊による一致を保つよう努めなさい」[6]とも言っています。ここでパウロは、弟子たちが互いに辛抱するように努め、忍耐をもって心を一つにしてきずなを保持しなければ、一致も平和も保たれないということを力説するのです。

1 マタイ10・22　2 ヨハネ8・31―32　3 ローマ8・24―25　4 ガラテヤ6・10、9　5 一コリント13・4、5、7　6 エフェソ4・2―3

待降節第二主日

第一朗読　イザヤ22・8b―23

エルサレムとシェブナへの警告

第二朗読

カエサリアのエウセビオ司教の『イザヤ書注解』

荒れ野に叫ぶ声

「荒れ野で叫ぶ者の声がする。『主の道を整え、その道筋をまっすぐにせよ。[1]』」この言葉は、預言者の告げる出来事がエルサレムではなく、荒れ野で起こることをはっきりと示している。つまり、その出来事は、神の栄光が現れ、すべての人が神の救いを見る[2]ということである。

このことは、洗礼者ヨハネが救いをもたらす神の現れをヨルダンの荒れ野で告げ、そこで実際に神の救いが現れたときに、歴史的な出来事として文字どおり実現した。すなわち、キリストが洗礼を受け、聖霊は鳩《はと》の形で降《くだ》ってキリストの上にとどまり、「これはわたしの愛する子、これに聞け[3]」という御父の声がキリストを証《あか》したときに、キリストとその栄光が皆に知らされたのである。

また、〔比喩《ひゆ》的な意味で〕イザヤはこれらの言葉によって、昔から近づきがたい荒れ野のような場所に神が来るであろうということを言い表そうとしたのである。それは、すべての異邦の民が、神の認識に欠けている荒れ野のような寂しい状態にあり、神の正しい人や預言者がだれも近づくことのできなかった状態にあったからである。

したがって、あの声は神のことばのために道を整え、近づきがたく険しい道を平らにするように命じている。わたしたちの神が来られて道を進むことのできるようにするためである。「主の道を整えよ。」これこそ、神の救いがすべての人に知らせることを望んでいる福音宣教であり、新しい慰めである。

「高い山に登れ。よい知らせをシオンに伝える者よ。力を振るって声をあげよ。よい知らせをエルサレムに伝える者よ。」[4]前に述べられたこととよく一致するこの言葉は、適切にもよい知らせを伝える者たちに言及し、荒れ野に叫ぶ声について語った後、神の到来というよい知らせを人々に伝えている。洗礼者ヨハネに関する預言の後に、よい知らせを伝える者たちに言及するのは、当を得たことである。

ここで言われているシオンとは、昔の人たちがエルサレムと呼んでいた場所にほかならない。このシオンも確かに山である。「あなたが住まわれたこのシオンの山」[5]という聖書の言葉や、「あなたがたが近づいたのは、シオンの山」[6]という使徒パウロの言葉は、このことをはっきり示している。このシオンは、古い民、割礼の民の中から選ばれた使徒たちの一団を意味するのではないだろうか。神の救いを与えられ、神の山、すなわち、ひとり子であることばの上に置かれたこのシオンやエルサレムこそ、高い山に登って救いのよい知らせを伝えるように命じられている。だれがよい知らせを伝えるのであろうか。福音宣教者の団体こそまさにそうではないだろうか。福音を伝えるとはどのようなことだろうか。それは、すべての人に、そしてだれよりも先にユダヤの町々に、キリストがこの世に来られたと伝えることなのである。

1 イザヤ40・3参照　2 ルカ3・6参照　3 マルコ9・7　4 イザヤ40・9　5 詩編74・2　6 ヘブライ12・22

待降節第二月曜日

第一朗読　イザヤ24・1—18　世界審判の予告

第二朗読

十字架の聖ヨハネ司祭の『カルメル山登攀《とうはん》』

キリストにおいて神はわたしたちに語られた

なぜ旧約の律法においては、神に尋ねることが許されていたのか。また、なぜ預言者や祭司も、神からの示現《しげん》や啓示を求めることができたのか。その主な理由は、当時はまだ信仰がそれほどしっかり根づいておらず、福音の掟《おきて》がなかったため、神に尋ねることが必要であり、神も時にはことば、時には示現や啓示によって、また、時には形象やそれに類したもの、さらに、意味を持つさまざまな方法で語らなければならなかったからである。神が答えたり話したり、啓示を与えたりしたことは、すべてわたしたちの信仰の奥義か、あるいはそれに触れること、それに方向づけられたことであったからである。

しかし、今、恵みの時代となって信仰がキリストに根ざし、福音の掟が現れてからは、あのようなかたちで神に尋ねる必要もなく、また、神も昔のように話したり答えたりする必要もなくなった。それは、それ以外のことばはありえない、唯一のことばである御ひとり子をわたしたちに与えることにより、この唯一のことばのうちにすべてを一度に話されたので、それ以上話すことはないからである。

聖パウロがヘブライ人に、以前のかたち、モーセの律法による神とのかかわりなどから離れて、キリストにのみ目を注ぐように勧め、手紙の初めに書いた言葉の意味は、以上のようなものである。

パウロは言う。「神は、かつて預言者たちによって、多くのかたちで、また多くのしかたで先祖に語られたが、この終わりの時代には、御子によってわたしたちに語られた。」[1] 使徒パウロはこの言葉によって、神が口を利けなくなり、もう何も話すべきことがないことをわからせようとしている。それは、以前、預言者たちに部分的に話されたことを、ご自分のすべてである御子をわたしたちに与えることによって、神はことごとく語られたからである。

したがって、今日になってもなお神に何かを尋ねたり、あるいは何かの示現や啓示を望むような人がいるなら、キリストにすべての目を注がず、他の何らかの新奇なものを望むことによって、愚かなことをするだけでなく、神を傷つけることになるであろう。

神はこのような人に、次のように答えるであろう。「わたしは、わたしのことばである我が子によって、すべてのことをすでに話し、そのほかに何も言うべきこともないのに、なおそれ以上のことを今答えたり、示したりすることができるだろうか。あなたは、その目を彼の上にのみ注げ。なぜなら、彼においてわたしはあなたにすべてを語り、また啓示したのであるから。彼のうちに、あなたはあなたの請い求める以上のものを見いだすであろう。

わたしは、かつてタボール山において、わたしの霊と共に彼の上に降《くだ》り、『これはわたしの愛する子、わたしの心に適《かな》う者。これに聞け』[2] と言った。わたしはもはや以前のように教えたり、答えたりすることをやめて、すべてを彼にゆだねたのである。以前に語ったわけは、キリストを約束するためであり、人々がわたしに尋ねたのも、その希望と願いをキリストに向けさせる質問をするためであった。今、福音記者や使徒の教えのすべてが示しているように、すべてのよいものは、その来るべきキリストにおいて見いだされるはずであった。」

1 ヘブライ1・1―2　2 マタイ17・5

待降節第二火曜日

第一朗読　イザヤ24・19～25・5

神の裁き、救いへの感謝

第二朗読

第二バチカン公会議『教会憲章』

旅する教会の終末的性格

わたしたちはすべてキリスト・イエスにおいて教会へ招かれており、その中で神の恩恵により聖性を獲得するが、その教会は天の栄光において初めて完成を見る。すなわち、万物の回復する時が来て[1]、全人類と共に人間に密接に結ばれ、人間を通して自分の目的に到達する全世界も、キリストにおいて完全に建て直される。[2]

地上から上げられたキリストは、すべての人を自分のもとに引き寄せた。[3] キリストは死者の中から復活して、[4] いのちを与える自分の霊を弟子たちに注ぎ込み、その霊によって自分の体、すなわち、教会を救いの普遍的秘跡として建てた。父の右に座っているキリストは絶えず世において働き続け、人々を教会に導き、その教会を通して人々をより密接に自分に結びつけ、その体と血をもって人々を養い、自分の栄光のいのちにあずからせるよう働いている。

したがって、わたしたちが待望する約束された回復はすでにキリストにおいて始まり、聖霊の派遣によって進められ、その聖霊を通して教会の中で続けられている。その教会の中でわたしたちは、信仰を通してわたしたちの現世的な生活の意味についても教えられるとともに、父から世においてわたしたちに託された務めを、将来の賜物《たまもの》に対する希望をもってなし遂げ、わたしたちの救いを完成させるのである。[5]

それゆえ、すでに世々の終わりはわたしたちのもとに到来しており、[6] 世の一新は取り消しえないものとして決定され、ある意味で現実に、現世において前もって行われている。事実、教会はすでに地上において、不完全ではあるが真の聖性によって飾られているのである。

しかし、義が定住する新しい天と地が実現するまで、[7] 旅する教会は、現世に属するその諸秘跡と制度の中に過ぎ去るこの世の姿を示し、今日に至るまで陣痛の嘆きと苦しみの中で、神の子らの現れを待ち望む被造物の間に住んでいるのである。[8]

1 使徒言行録3・21参照　2 エフェソ1・10 コロサイ1・20　二ペトロ3・10－13　3 ヨハネ12・32参照　4 ローマ6・9参照　5 フィリピ2・12参照　6 一コリント10・11参照　7 二ペトロ3・13参照　8 ローマ8・19、22参照

待降節第二水曜日

第一朗読　イザヤ25・6〜26・6　**主の祝宴と勝利の歌**

第二朗読

聖アウグスチヌス司教の『詩編講解』

神が約束されたものは、御子によってわたしたちに与えられる

神は約束を述べるために時を設けられ、また約束されたことを果たすために別の時を設けられました。

約束を述べる時は、預言者たちが活躍した時から洗礼者ヨハネまでの時です。ヨハネから終末までは、約束されたことが果たされる時です。

ご自分をわたしたちに対して負い目のある者とされた神は、忠実な方です。神にこの負い目ができたのは、わたしたちから何かを受け取ったからではなく、偉大なことをわたしたちに約束なさったからです。ただことばで約束なさっただけではありません。神は成文化してまでも義務を引き受けられました。いわばご自分の約束を載せた契約書をわたしたちと交わされたのです。それは、約束されたことを成就し始められたとき、約束の書かれた書をわたしたちが調べて、果たされる順序を知るためです。したがって、預言が述べられていた時代は、すでに何度も言ったように、約束を前もって述べる時だったのです。

神は永遠のいのちを約束なさいました。また、終わりなく天使たちと共にいる幸福ないのち、朽ちることのない遺産、永遠の栄光、神の顔を見る喜び、天にあるご自分の聖なる住まいを約束され、死者のうちからの復活の後に、もはや死に対する恐れがないことを約束されました。これは、いわば最後に果たされる神の約束です。わたしたちのあらゆる意向はそれへと向かっており、そこに達したときに、わたしたちはそれ以上何も求めず、それ以上何も要求しません。しかし、終わりにあることにどの順序で向かって行くのかということについても、神は黙っておられず、約束したり予告したりなさいました。

神は人間に神性を、死すべき者に不死性を、罪びとに義化を、みじめな者に栄光を与えることを約束なさいました。

しかしながら、兄弟の皆さん、神が約束されたこと、すなわち、この死すべきもの、腐敗し、みじめで、弱い、塵《ちり》と灰である人間が、神の天使たちに等しいものになることは人間にとって信じがたいことと思われたので、人々が信じるために神は契約書を人間と交わされただけでなく、ご自分の誠実さを保証する仲介者までも立てられました。それは、ある支配の霊でも天使や大天使でもなく、御ひとり子です。神が約束してくださった目標に、わたしたちをどのような道で導くかということについて、その御子ご自身によって示し、与えるためだったのです。

神はご自分の御子をこの道を示す者とされただけではなく、この御子ご自身を道とされました。それは、御子という道を歩いているあなたを支配し、御子を通ってあなたが歩むためでした。

神の御ひとり子が、将来人々のもとに来て人間性を受けとり、受けとられた人間性によって人間となり、死に、復活し、天に昇り、御父の右の座に着き、約束されたことを諸国の民に対して果たし、約束を諸国の民に対して果たした後、約束のとおり再び来られ、先に与えたことについての申し開きを求め、怒りの器をあわれみの器から選《え》り分《わ》け、不敬のやからには予告した罰を、義人には約束した報いを与えられます。

これら一切のことは、預言され、予告され、将来やって来ることとして教えられるべきでした。それは、主が突然来て人々が混乱するのではなく、かえって主の到来を信じてそれを待ち望むためだったのです。

待降節第二木曜日

第一朗読　イザヤ26・7―21　復活を求める祈り

第二朗読
聖ペトロ・クリソロゴ司教の説教　愛は神を見たいと求める

世界が恐怖で傷ついているのをご覧になって、神は直ちに愛によって世をご自分に引き寄せ、恵みによって招き、愛によって支え、情けによって包もうとして働きかけておられます。

そのために、罪に固まってしまった地上を洪水という罰によって洗い清め、ノアを新しい時代の生みの親とし、優しいことばで激励し、親しい信頼を授け、今のことについて丁寧に論じ、将来のことについては恵みを約束して慰め励まし、命令するのでなくご自分で一緒に仕事に参加して、一つの箱船の中に全世界の生みの親がすべて入ってから戸を閉ざされました。それは、交わりから生じた愛が奴隷のような恐れを取り除き、一緒に仕事をすることによって救いえたものが、共に愛を保つことよって守られるようにするためでした。[1]

またそのために、神はアブラハムを異邦人の中から呼んで、その名を気高いものに変え、信仰の父とし、旅するときにはつき添い、他国人の間では守り、富を多く持つ者としてくださいました。また、勝利者とし、約束を保証し、侮辱の中から救い出し、客となって訪れ、子どもを授かることはないと希望をなくしていたところに不思議に子どもをお与えになりました。それは、このように多くの恵みに浴し、これほどの神の愛の優しさに魅せられて、アブラハムが神を恐れるのでなく愛するることを学び、怖がるのでなく愛して尊ぶようになるためでした。[2]

同様に、神は逃げ行くヤコブを夢をもって力づけ、帰って来ると格闘を挑み、格闘する者のように抱え込まれました。それは、彼と格闘する父を恐れずに愛するようになるためでした。[3]

またそのために、神は父親のようにモーセを呼び、父親の愛をこめて語りかけ、自分の民の解放者となるように招くのでした。[4]

さて、ここに述べたことによって神の愛の炎が人の心の中に燃え上がるようになり、神の愛による酔いが人の情緒のうちに広がるようになったとき、ある人々は傷ついた心で、肉眼で神を見ようと希望するようになりました。

広い世界といえども捉《とら》えきることのできない神を、どうして狭い人間の視野が捉えることができるでしょうか。しかし、愛の法は事がどうなるか、どうあるべきか、どこまで可能かを考えません。愛は判断を知らず、理を欠き、限度を知りません。

愛は不可能の中でも慰めを受け取らず、困難にあってもいやしの手を受けつけません。

愛は求めるものに到達しないと、愛に生きる人を死なせます。ですから、愛は行くべきところを忘れ、引かれるままのところに行きます。愛は望みを生み、熱情が燃え上がり、その熱情は不可能なことを求めます。この点は長々と語るまでもないことです。

結局、愛は愛する相手を見ないですませてはいられません。ですから、すべての聖人たちは主を見ないかぎり、それまで達成したすべてを無に等しいと考えたのです。

こうして、神を見たいと望む愛は、判断を欠くとしても熱烈な信心を持っているのです。

そのためにモーセはあえて言いました。「もしあなたがわたしにご好意を示してくださるのでしたら、どうかみ顔を見せてください。[5]」

また、別の人も、「あなたの顔を見せてください[6]」と言いました。そして異邦人たちも誤った考えを持ちながら、自分たちの拝む神を目で見ようとして、偶像を造ったのです。

1 創世記7章参照　2 同12章参照　3 同28章、32章参照　4 出エジプト3章参照　5 同33・13　6 詩編80・4、8参照

待降節第二金曜日

第一朗読　イザヤ27・1―13　主のぶどう畑

第二朗読

聖イレネオ司教の『異端反駁《はんばく》』　エバとマリア

主がはっきりしたかたちで自分に属する者たちのところに来て、主によって担われた主の被造物が主を担い、木に関係してなされた不従順を木における従順によって主が再統合されたとき、すでに一人の男に嫁ぐことになっていたおとめエバが、不幸なことに誘い込まれたあの誘惑の傷痕《きずあと》は、すでに一人の男と婚約していた処女《おとめ》マリアに対して、天使によって幸いにも告げられたあの真理によって取り除かれた。

エバは堕落した天使の言葉によって誘惑されて、神のことばに従わずに神から逃れてしまったが、対照的に、マリアは天使を通して告げられたよいたよりを受けて、神のことばに従い、神をその胎に宿した。エバは誘惑されて神に従わなかったが、対照的に、マリアは教えられて神に従ったのである。こうして処女マリアは、おとめエバの弁護人となった。

主は万物を再統合したとき、わたしたちの敵に対するあの戦いをも自分のものとして引き受け、自らのうちに再統合された。初めに、アダムにおいてわたしたち人間を捕虜にしていた者に対し、キリストは戦いを挑んでこれを打ち破り、その頭を踏みにじってくださった。それは、神が蛇に対して言った、「お前と女、また、お前の子孫と女の子孫との間にわたしは敵意を置く。彼はお前の頭をうかがい、お前は彼のかかとをうかがうであろう」[1]という創世記の言葉のとおりである。

人の手の加わらない処女地からとられたアダムに似て、処女である女から生まれることになっていたイエスは、こうしてすでにそのとき、蛇の頭をねらう者としてあらかじめ告げられたのである。そしてここで言われた子孫とは、使徒パウロがガラテヤの信徒へあてた手紙の中で、「行いの律法は、約束を与えられたあの子孫が来られるまでつけ加えられたものである」[2]と言っているあの子孫なのである。

同じ手紙の中でパウロは、「時が満ちると、神は、その御子を女から生まれた者としてお遣わしになった」[3]と述べることにより、このことをさらに明確に説明している。敵を打ち破った方が、女から生まれた人間でなかったとすれば、敵は本当に打ち負かされたとは言えなかったであろう。敵が初めから人間に反対して、女を通して人間を支配したからである。

だから、主は自らを人の子と公言し、抜き取られたあばら骨から女が造り上げられたあの最初の人間を、自らのうちに再統合したのである。こうして、一人の打ち負かされた人間を通して、わたしたちが死の手中に落ちていったのと同様に、打ち勝った一人の人間を仲介として、わたしたちはいのちへと上っていくのである。

1 創世記3・15　2 ガラテヤ3・19　3 同4・4

待降節第二土曜日

第一朗読　イザヤ29・1―8　**エルサレムの包囲と救い**

第二朗読

ステラのイサク修道院長の説教

マリアと教会[1]

神の御子は多くの兄弟たちの長子《ちょうし》であって、本性としてはひとり子でしたが、恵みによって多くの人を自分と一つにして、彼らも御子と共に一人となりました。彼を受け入れる者には、「神の子となる資格を与えた[2]」からです。

人の子となられた神の御子は、多くの人を神の子とされました。特別な愛と力を持っておられた方は、多くの人をご自分と一つにしたのです。肉による出生においては複数であるこの人々は、神による再生によって神の御子と一人となるのです。それは、キリストの頭《かしら》と体は一つであり、全体であり、唯一であるからです。

この一人のキリストは、天においては唯一なる神の子であり、地においては一人の母の子です。多くの子がいるのと同時に、一人の子しかいません。頭と肢体は、一人の子であるのと同時に多くの子であるように、マリアと教会は一人の母であって二人の母であり、一人の処女《おとめ》であって二人の処女なのです。

どちらも母であり、処女です。どちらも肉の欲なしに聖霊によって子を宿し、どちらも罪なしに父なる神のために子を産みます。マリアはすべての罪から免れて体のために頭を産み、教会はすべての罪のゆるしのために頭のために体を産みました。どちらもキリストの母ですが、どちらも一方なしで全体を産むことはありません。

そこで、神感《しんかん》をもって書かれた聖書では、処女であり母である教会全体に当てはまることとして書かれていることは、処女マリアに個人的に当てはまることとして、また処女であり母であるマリアについて個人的に書かれていることは、処女であり母である教会全体について述べられていることと解釈しても間違いありません。一方に言及していることは、ほとんど相互に、区別なく両者について述べていると解釈できるのです。

さらに、一人ひとりの信者も、固有の理由で神のことばの花嫁、キリストの母、娘であり、姉妹、処女であり、母であると言われます。これらの表現は、父のことばである神の知恵ご自身によって、全体的な意味で教会について言われ、個別的な意味でマリアについて言われ、また個人的な意味で信者について言われています。

そこで聖書には次のように言われています。「主の遺産である所にとどまろう。[3]」主の遺産とは、全体としては教会、個別的にはマリア、個人としては信者のことです。キリストは九か月もマリアの胎内という幕屋にとどまられ、教会の幕屋には世の終わりまでとどまられますが、信者の知識と愛のうちには世々限りなくとどまられるでしょう。

1 ローマ8・29参照　2 ヨハネ1・12　3 シラ24・11(ヴルガタ)

待降節第三主日

12月17日以降は当日のページ参照

第一朗読　イザヤ29・13―24　主の裁きとイスラエルの回復

第二朗読

聖アウグスチヌス司教の説教

ヨハネは声、キリストはことば

ヨハネは声です。主は「初めにことばがあった」[1]という方です。ヨハネは限られた時間の中の声です。主は初めにあった永遠のことばです。

言葉を取り去ってしまえば、声はどのようなものでしょうか。意味のある言葉が全くないところでは、無意味な騒音しか残りません。言葉のない声は耳に届いても、心をつくり上げはしません。

ところで、わたしたちの心そのものをつくり上げるときの、事の順序に注意を向けてみましょう。何かを言おうと考えるとき、わたしの心のうちにはすでに言葉があります。あなたに話そうとするときは、すでにわたしの心のうちにある言葉が、あなたの心の中にもあるためにどうすればよいのか、とわたしは考えます。

すでにわたしの心のうちにある言葉があなたに届き、どうすればあなたの心の中に宿るかを求めて声を用い、その声を使ってあなたに語ります。声の音は、あなたのもとに言葉の意味を運びます。そして、声の音が言葉の意味を運び終わると、音は過ぎ去ってしまいます。しかし、音があなたのもとに運んだ言葉は、あなたの心にとどまります。しかもそれは、わたしの心からも去っていくことはありません。

言葉をあなたのもとに伝え終わると、音自体はあなたに向かってこう言っているように思えないでしょうか。「あの方は栄え、わたしは衰えねばならない。」[2] 声の音は仕えるために響き、あたかも「わたしは喜びで満たされている」[3]と言っているかのように去っていきます。言葉をしっかり握っておきましょう。心のうちに宿った言葉を失わないように。

声が去ったことを示し、ことばの神性がいつまでも残るということを示す例を見たいのですか。ヨハネの洗礼は今どこにあるのかと言えば、仕える役割を果たし終えて、過ぎ去っていきました。今やキリストの洗礼が用いられ、わたしたちは皆、キリストを信じ、キリストによる救いを希望しています。洗礼者ヨハネという声は、まさにこのことを伝えたのです。

ところで、声と言葉を区別することは難しいことなので、ヨハネはキリストではあるまいかと思われたのでした。つまり、声が言葉と思われたのです。けれどもヨハネは、自分は言葉に背かないために、自分が声にすぎないと自認したのです。「わたしはキリストではない、エリアでもない、あの預言者でもない」[4]と宣言したのです。そこで人々は、「それでは、だれなのですか」と尋ねたのですが、ヨハネはこれに対して、「わたしは『主の道を整えよ』と荒れ野で叫ぶ声である」[5]と言いました。荒れ野に叫ぶ声は、沈黙を破る声です。「主の道を整えよ」、言い換えれば「私が音を発しているのは、あの方を人の心に導き入れるためだ。しかし、あなたたちが道を整えないかぎり、その方は私がご案内しようとする所に来てはくださらないのだ」ということです。

「道を整えよ」とは、「ふさわしく嘆願せよ」ということにほかならないのです。「道を整えよ」とは、「へりくだった思いを持て」ということにほかならないのです。彼ヨハネはあなたたちに、へりくだりの模範を示します。キリストではないかと思われると、人が思っているような者ではないと彼は言うのです。彼は人の誤りをそのまま受け入れて、自分の誉れのために用いようとはしませんでした。

彼がもし「わたしはキリストである」と言ったなら、たいへん容易に信じてもらえたでしょう。人々は彼が、「わたしはキリストだ」と言わなかったのに、すでにそう信じていたのですから。しかし、彼は自分がキリストだと言わないで、自分のあるがままを認め、自分をキリストと区別し、自らへりくだりました。

彼は、自分が救いをどこに得るかをよく理解していました。自分は灯《とも》し火であると知り、傲慢《ごうまん》の風にその灯し火が消されてしまうことを、彼は恐れたのです。

[1] ヨハネ1・1 [2] 同3・30 [3] 同3・29
[4] 同1・19―23参照 [5] 同1・23

待降節第三月曜日 12月17日以降は当日のページ参照

第一朗読 イザヤ30・18―26 将来訪れる幸せ

第二朗読

サン・ティエリのギョーム修道院長の『神の観想について』 彼が先にわたしたちを愛した

あなたこそ、まことにただ一人、わたしの主。わたしたちの上にあなたの支配があること、これがわたしたちを救うことである。わたしたちがあなたに仕えること、これこそまことにあなたから救われることにほかならない。

ああ主よ、救いはあなたのもの。あなたの祝福はあなたの民の上にある。[1] あなたの救いとは何であろう。わたしたちがあなたを愛し、あなたから愛されることを、わたしたちがあなたから受けることにほかならない。

主よ、あなたの右におられる御子、あなたがご自身のために立てられたあの人を、[2]イエス、すなわち、救い主と呼ぶことをあなたはお望みになった。「ご自分の民を諸々《もろもろ》の罪から救う」[3]のは彼、彼をおいてほかに救いはない[4]からである。彼は十字架の死に至るまでわたしたちを愛しながら、わたしたちが彼を愛するようにと教えられた。愛すること、いつくしむことによって、わたしたちが彼を愛せるようにし、励まし、まず彼が極みまでわたしたちを愛されたのである。

そうだ。まさにそのとおりである。あなたがわたしたちをまず愛された。それは、わたしたちがあなたを愛するようになるためであった。[5]あなたにとってわたしたちから愛されることが必要であったからではなく、あなたを愛さなければ、あなたがわたしたちをそのために造られたそのものに、わたしたちがなりえないからなのである。

それゆえ、「かつて預言者たちによって、多くのかたちで、また多くのしかたで先祖に語られたが、この終わりの時代には、御子によってわたしたちに語られた。」[6]このことばによって、「天は造られ、主の口の息吹によって天の万象は造られた」[7]のである。

あなたにとって御子によって語るとは、どれほど、また、いかにあなたがわたしたちを愛されたかを、太陽の光で照らし出し、明らかにすることにほかならない。「あなたはご自分の御子をさえ惜しまずに、わたしたちすべてのために渡された。」[8]彼もまた、わたしたちを愛して、ご自身をわたしたちのためにお渡しになったのである。[9]

主よ、これがあなたのわたしたちへのことば、これこそ全能のことばである。深い静けさの沈黙、すなわち、迷いの深淵《しんえん》がすべてを支配したとき、そのことばが王の玉座から来たのである。迷いに対する情け容赦のない勇士のように、甘美な愛を告げる人のように。[10]

そして彼が地上でなさったことは何事であれ、数々の侮辱に至るまで、つばきされ、平手で打たれたことに至るまで、十字架と葬りに至るまで、すべてはあなたに対するわたしたちの愛を、あなたの愛で引き起こし駆り立てながら、あなたがわたしたちに御子によって語られたことである。

諸々の魂の造り主なる神よ、人の子らの魂においては、この愛は強制されるものではなく、かえってそれを呼び起こされるものであることを、あなたは知っておられるからである。また、強制のあるところにもはや自由はなく、自由のないところに正義がないからである。

こうして、わたしたちがあなたを愛することをあなたは望まれた。あなたを愛するのでなければ、義によって救われることもなかったであろう。そして、あなたからその愛が発していなかったなら、わたしたちはあなたを愛することもできなかったであろう。ですから、主よ、あなたの愛の使徒が語り、わたしたちがすでに言ったように、あなたがまず愛してくださったのである。あなたを愛するすべての者を、あなたがまず愛してくださるのである。[11]

わたしたちは、あなたがわたしたちに注ぎ入れてくださった愛によってあなたを愛している。最も善良な方よ、最高の善よ、あなたの愛、あなたの善良さは、御父と御子から発出している聖霊である。聖霊は創造の初めから水の上を、[12] すなわち、揺れ動いている人の子らの心の上を覆い、すべてのものにご自身を与えつつ、すべてをご自分へと引き寄せながら、[13] 励まし、息を吹きかけ、害するものを防ぎ、益するものを供えつつ、神をわたしたちに、わたしたちを神に結びつけるのである。

[1]詩編3・9参照　[2]同80・18参照　[3]マタイ1・21　[4]使徒言行録4・12参照　[5]一ヨハネ4・19参照　[6]ヘブライ1・1—2　[7]詩編33・6　[8]ローマ8・32　[9]ガラテヤ2・20参照　[10]知恵18・14—15参照　[11]一ヨハネ4・10参照　[12]創世記1・2参照　[13]ヨハネ12・32参照

待降節第三火曜日

12月17日以降は当日のページ参照

第一朗読　イザヤ30・27—33、31・4—9

イスラエルの救いとアッシリアへの裁き

第二朗読

『キリストにならいて』

へりくだりと平安について

だれが自分に味方し、だれが自分に反対するか、あまり心にかけることなく、自分のなすすべてにおいて神があなたと共におられるように行動し、また気をつけなさい。

清い良心を持ちなさい。神はよくあなたを守られるであろう。

神が助けようと思われる者はだれでも、人間の悪い企てによって損なわれることはない。

黙って忍ぶことを学ぶならば、必ず神の助けを受けるであろう。

神はあなたを救う時と道を知っておられる。それゆえ、あなたは神に自分をゆだねるべきである。人を助け、あらゆる困惑から救うことは神のなさることである。

他人がわたしたちの欠点を知り、これを指摘するのは、しばしばわたしたちにとってよいことである。わたしたちはこれによって、いよいよへりくだるようになる。

自分の欠点を認めてへりくだるならば、その人はたやすく他の人を和らげ、自分に対して怒る相手とたやすく和解するであろう。

神はへりくだる者を守り、救い、愛し、慰められる。へりくだる者のところまで神は身をかがめてくださる。へりくだる者に大いなる恵みを与え、そのへりくだりの後にこれを光栄に上げられる。

神はへりくだる者にご自分の秘義を表し、いつくしんでご自分のもとに引き寄せる。

へりくだる者は屈辱を受けても、なお十分な平安のうちにいる。神により頼んで、世に頼らないからである。

自分がすべての人よりも劣ると思うのでなければ、あなたは少しでも進歩したと考えてはならない。

まず、自分を平安のうちに保て。そうすれば他人に平安をもたらすことができよう。

平安な人は博学な人よりも多くの善を行う。

激しやすい人は善をも悪に変え、たやすく悪を信じる。

善良で平安な人はすべてを善に変える。

真に平安な人は、だれの悪をも思わない。しかし、不平で心の落ち着かない者は、さまざまな疑いに苦しめられる。彼は自分も安らかでなく、人をも安らかにしておかない。

しばしば言うべきでないことを言い、なすべきことを怠る。

彼は他の人のなすべき務めを思いめぐらし、自分のなすべき務めをおろそかにする。

そこで、まず自分自身に対して熱心になりなさい。そうすれば隣人に対しても熱心になることができる。

あなたは自分の行為の弁解をし、自分のしたことを言い繕うことを知っている。しかし、他人の弁解は聞こうとしない。

自分を責めて、兄弟の弁解を受け入れる方がもっと正しいであろう。

もし、人があなたを耐え忍ぶように望むなら、また他人をも耐え忍びなさい。

待降節第三水曜日

12月17日以降は当日のページ参照

第一朗読　イザヤ31・1―3、32・1―8　正義の王の支配

第二朗読

聖イレネオ司教の『異端反駁《はんばく》』

キリストが来られて、人々が神を見ることになるであろう

ことばと知恵によって万物を造り、調和させた神はひとりである。

そして、父なる神の創造に参与したこの方は神のことば、わたしたちの主イエス・キリストであり、終わりを初めに、すなわち、人間を神に結び合わせるために、終わりの時に人々の間で人間となった方である。

そして、このゆえに預言者たちは同じことばから預言の賜物《たまもの》を受けて、その肉なる人としての来臨をあらかじめ宣《の》べ伝えた。この来臨によってこそ、父の望みに従って、神と人との混合と一致が行われた。神が目に見えるかたちで人々に現れ、地上で人々と交際し、[1]語り合い、自分が形造った人間と共にいるようになること、自ら形造った人間を救い、人に認識され、わたしたちを憎む人々すべての手から、すなわち、道をはずれたすべての霊からわたしたちを解放し、[2]わたしたちを日ごとに聖性と義のうちに神に仕えるようにし、[3]こうして、人が神の霊と一致させられて父の栄光へと進み行くようになるということ、これらのことはことばが初めからあらかじめ告げていたことである。

預言者たちは、神が人々に見えるものになるということをあらかじめ説き明かした。同様に主も、「心の清い人々は、幸いである。その人たちは神を見る」[4]と言っておられる。

神の偉大さと、言い表しがたい栄光を基準とすれば、「人は神を見て、なお生きていることはできない。」[5]父は把握できない方だからである。けれども、神はその愛と人類に対する好意と、そして全能にもとづいて、ご自分を愛する人々には、預言者たちが預言していた神を見るということまでも与えてくださった。「人間にはできないことも、神にはできる」[6]からである。

人は自力で神を見るには至らないが、神が自ら望むなら、神は望むとき、望む方法で、ご自分の望む人々に見られるものとなるであろう。神は何でもできるからである。神は昔、霊によって預言のうちに見られ、また御子を通しては、人間を〔ご自分の〕子とする方として見られたが、天の国では父になる者として見られるであろう。霊は神の御子と一致するために人を整え、御子は父のもとに人を導き、父は不滅性と永遠のいのちを人に与える。この永遠のいのちは、神を見ることによってこれを見る人々におのずから生じるのである。ちょうど、光を見る人々が光のうちにあってその輝きにあずかるように、神を見る人々は神のうちにあってその輝きにあずかるからである。そして神の輝きは生かすものであるから、神を見る人たちはいのちにあずかることになるのである。

1 バルク3・38参照　2 ルカ1・71参照　3 同1・74―75参照　4 マタイ5・8　5 出エジプト33・20　6 ルカ18・27

待降節第三木曜日

12月17日以降は当日のページ参照

第一朗読　イザヤ32・15〜33・6　　救いの約束

第二朗読

第二バチカン公会議『神の啓示に関する教義憲章』

キリストは全啓示の完成

神は、ことばによって万物を造り、[1] かつ保つことによって、被造物において自分自身についての恒久の証明を人々に与えている。[2] そのうえ、神は最高の救いへの道を開くことを望み、初めから人祖に自分を現した。

彼らの堕落後は、贖《あがな》いの約束によって人々に救いの希望を抱かせた。[3] そして、忍耐をもって善を行いつつ救いを求めるすべての人に永遠のいのちを与えるために、絶え間なく人類のことを配慮したのである。[4]

予定の時が来て、神はアブラハムを大きな民にしようとして呼び出した。[5]太祖たちの後の時代には、モーセおよび預言者たちを通して、唯一の生ける真の神、摂理の父、正義の審判者であることを認めるよう、また約束の救い主を待ち望むようにこの民を教育した。こうして長い世紀にわたって福音への道を準備した。だが神は、多くのかたちで、また多くのしかたで預言者たちによって語った後、「この終わりの時代には、御子によってわたしたちに語られた。[6]」

実際、神は御子、すなわち、すべての人を照らす永遠のことばを遣わした。それは、ことばが人間の間にとどまって、神の秘義を人間に語り告げるためであった。[7]

だから人となったことばであり、「人間に遣わされた人間」[8]であるイエス・キリストは、「神のことばを語り」[9]、父からおのれに託された救いの業《わざ》を遂行するのである。[10]

したがって、彼を見る者は父を見ることになる。[11]そのキリストは、自分自身の全現存と顕現によって、ことばと業、しるしと奇跡、なかでも自らの死と死者の中からの栄えある復活によって、最後に真理の霊の派遣によって、啓示、つまり、わたしたちを罪と死の闇から救い、永遠のいのちに復活させるために、神がわたしたちと共にいるという啓示を完成して締めくくり、また、神の証《あか》しによって確証している。

したがって、キリスト教的経綸《けいりん》は新しい決定的な契約として、決して過ぎ去ることなく、わたしたちの主イエス・キリストの栄光ある顕現以前には、[12]もはやいかなる新しい公的啓示も期待されるべきものではないのである。

1 ヨハネ1・3参照　2 ローマ1・19—20

3 創世記3・15参照　4 ローマ2・6—7参照　5 創世記12・2—3参照　6 ヘブライ1・1—2　7 ヨハネ1・1—18参照　8 ディオグネトスへの手紙7・4　9 ヨハネ3・34　10 同5・36、17・4参照　11 同14・9参照　12 一テモテ6・14　テトス2・13参照

待降節第三金曜日

12月17日以降は当日のページ参照

第一朗読　イザヤ33・7—24　**主による救い**

第二朗読

聖アウグスチヌス司教の『詩編講解』

あなたの望みそのものがあなたの祈りである

「わたしは心の嘆きをもってうめいた。[1]」人から聞かれることのない隠れた嘆きがあります。人がある望みを熱烈に思いめぐらし、その結果、内面に受けた傷が聞こえる声で表されるときに、それを聞く人々はその嘆きの理由は何であろうかと思って、「多分あの人はこれこれのことで嘆いているのだ、多分これこれのことが彼に起こったのだ」とその理由を言い当てます。嘆いている人を

見たり、そのうめきを聞いたりする者だけが、その嘆きを理解できます。だからこそ詩編作者は、「わたしは心の嘆きをもってうめいた」と言っています。人々はある人の嘆きを聞くときには、ふつうは肉声の嘆きを聞くのであって、心の嘆きをもって嘆いている者の嘆きを聞くことはできないからです。

そこで、この詩編作者の嘆きをだれが聞き取ったのでしょうか。次のように続きます。「わたしの望みのすべてはみ前にあります。」[2]「わたしの望みのすべて」は心を見ることのできない人々の前にではなく、「み前にあります。」あなたの望みが神のみ前にあるようにしなさい。そうすれば隠れたところで見ておられる御父が、あなたに報いてくださいます。[3]

あなたの望みそのものが、あなたの祈りです。もし絶えざる望みであるならば、絶えざる祈りなのです。使徒パウロが「絶えず[4]」祈りながらと言ったのは、無駄なことではありません。もちろんパウロが「絶えず祈って」と言っていても、わたしたちは絶えずひざまずいていたり、ひれ伏したり、あるいは手を上げたりしてはいません。祈りをこの意味でとるならば、わたしたちは絶えず祈ることはできないと思います。

しかし、他の絶えざる内面的祈りというものがあり、それは望みなのです。あなたがどのような別のことを行っていても、天国の安息を望んでいるのなら、絶えず祈っているのです。[5]祈りをやめたくないのなら、望むことをやめてはなりません。

あなたの絶え間ない望みは、あなたの絶え間ない声なのです。もし愛することをやめるなら、あなたの声は消えるでしょう。声の消えた人はだれでしょうか。「悪がはびこるので、多くの人の愛が冷えるであろう」[6]と言われた人々です。

愛が冷えることは、心の沈黙です。愛が熱することは、心の叫びです。愛が常にとどまっているなら、あなたは常に叫んでいます。常に叫んでいるなら、常に望んでいます。望んでいるなら、天国の休息を心にとめています。

「わたしの望みのすべてはみ前にあります。」望みが神のみ前にあって、嘆きが神のみ前にないというようなことがあるでしょうか。望みそのものの声が嘆きですから、そういうことはありえません。

それで、「わたしの嘆きはあなたに隠されていません」[7]と続きます。あなたには隠されていませんが、多くの人々には隠されています。神の小さなしもべが、「わたしの嘆きはあなたに隠されていません」と言っているときも、笑うときもあるように見えますが、だからと言って、心の中で彼の望みは死んでしまっているのでしょうか。心のうちに望みがあるなら、嘆きも心のうちにあるのです。それは常に人々の耳に届くわけではありませんが、神の耳には常に聞こえるのです。

1 詩編38・9　2 同38・10　3 マタイ6・6参照　4 一テサロニケ5・17　5 ヘブライ4・1—8参照　6 マタイ24・12　7 詩編38・10

待降節（12月17日以降）

12月17日

第一朗読　イザヤ45・1―13

キュロスによるイスラエルの救い

第二朗読

聖レオ一世教皇の手紙

わたしたちの和解の神秘

処女《おとめ》マリアの子であるわたしたちの主が、福音書に伝えられているような家系の人であることを信じないなら、主が真の完全な人間であることを認めても何の役にも立ちません。

事実、マタイは「アブラハムの子ダビデの子、イエス・キリストの系図」[1]と述べて、キリストの人間としての起源を追い、主の御母が婚約されたヨセフに至るまでの系図を記しています。

一方、ルカは家系の順序を逆にヨセフから人祖に至るようにして、[2]最初のアダムである人祖と最後のアダムであるキリストとが同じ本性を持つことを示そうとしています。

もちろん全能である神の子は、昔、太祖たちや預言者たちと組み打ちをしたり、[3]話し合ったり、もてなしを受けたり、差し出された食べ物を食べたりなさったときに、[4]彼らに肉体の姿で現れた方法で、人々を教え、かつ義とするために現れることもおできになったでしょう。

しかしこれらの昔の姿は、イエスという人間の前表《ぜんぴょう》であって、先立つ祖先たちの家系から、イエスが真の人間として生まれるであろうということを予告する神秘的なしるしでありました。

だから、世々に先立って永遠から定められていたわたしたちの和解の神秘は、これらの前表のいずれによっても果たされることはありませんでした。それは、聖霊はまだ処女マリアに臨んでおらず、いと高い御者の力がまだ彼女を覆っていなかったからです。聖霊が彼女に臨んだのは、汚れない胎内に神の知恵が自分のために家を造って、[5]ことばが肉となるためであり、[6]神の姿としもべの姿が一つの位格《いかく》に合体して、時の創造主が時の中に生まれるためであり、すべてのものを自分によって造られた方が、すべてのものの中に生まれるためでした。

新しい人であるキリストが「罪深い肉と同じ姿」[7]となって、わたしたちの古い状態を受けとられなかったとしたら、また御父と本質を同じくする方が、母とも本質を同じくするものとなってくださらなかったとしたら、また、人間の中でただ一人罪を知らない方がわたしたち人間の本性をご自分に結合しようとされなかったなら、人類は捕らわれの身として、ことごとく悪魔の軛《くびき》のもとにとどまったことでしょう。もしキリストと悪魔の決戦がわたしたちの人間性以外の場で行われたとしたら、わたしたち人間はキリストの勝利の恩恵に浴することはできなかったことでしょう。

神の御子が人間性に参加したこの賛嘆すべき出来事から、再生の神秘の光がわたしたちに示されました。それは、キリストの託身と誕生をもたらした聖霊そのものにより、わたしたちも霊的に再び生まれるためです。

だからこそ福音記者ヨハネは信じる者について、「血によってではなく、肉の欲によってではなく、人の欲によってでもなく、神によって生まれたのである」[8]と言っているのです。

1 マタイ1・1　2 ルカ3・23―38参照　3 創世記32・23―31参照　4 同18・1―8参照　5 箴言9・1参照　6 ヨハネ1・14参照　7 ローマ8・3　8 ヨハネ1・13

12月18日

第一朗読　イザヤ46・1―13　バビロンの偶像への非難

第二朗読　ディオグネトスへの手紙

神は子を通してご自分の愛を明らかにされた

人間のうちのだれ一人として、神を見た人も[1]、また神を知った人もおらず、神だけがご自身を示してくださったのです。信仰を通して神はご自身を示してくださいました。信仰だけが神を見ることを得させるからです。万物の主であり、作者である神、万物を造り、一つひとつのものを秩序正しく配置された神は、人類を愛する方であるばかりではなく、忍耐強い方でもありました。もっともこの神は、かつてそうであり、今もそうであり、これからもそうであり、つまりいつくしみ深く善良な方であり、またお怒りにならない真実な方であって、ただひとりよい方であります[2]。この神は言い尽くすことのできない偉大な意図を抱き、それを御子だけにお伝えになりました。

英知に満ちたこの計画を、神は秘密として大事に保っておられ、その間はわたしたちのことをなおざりにして、配慮してくださらないかのように思われておりました。しかしながら、最初から準備されたことを、愛する御子を通して明らかにし、啓示されたとき、何もかも一度にわたしたちに与えてくださいました。すなわちそれは、わたしたちをご自分の恩恵にあずからせてくださることであり、わたしたちのうちのだれもが、決して期待しなかったほどのことを見、かつ理解することです。

ですから、神はご自分で一切の救いの計画を御子と共にお決めになっていましたが、今の時代に至るまで、わたしたちが気ままに無秩序な衝動にもて遊ばれるのを耐え忍んでくださいました。わたしたちは、快楽と情欲のとりことなっていたのです。[3] これは、決してわたしたちの罪を喜んでおられたのではなく、我慢しておられたのです。このよこしまな時代を承認されたからではなく、この正しい時代を作り出して、わたしたちが自分たちの業《わざ》だけではいのちを得るのにふさわしくないことを納得して、今の時代に、神のあわれみによって、いのちにふさわしい者となるためでした。そしてまた、わたしたち自身では神の国に入る力のないことを明らかにされたわたしたちが、神の力によってこそ、その可能性のある者とされるためでした。

　わたしたちの不義が満たされ、その報いとしてこらしめと死が降りかかってくることが完全に明らかになったとき、あわれみと力を現そうと、前もって神がお決めになっていた時が到来しました。ああ、人類に対する神のいつくしみとその愛の豊かさよ。神はわたしたちを憎んだり、見捨てたり、復讐《ふくしゅう》されたりはなさいませんでした。むしろ長い間、忍耐強く忍び、我慢してくださいました。わたしたちをあわれんで、わたしたちの罪をご自分で負い、その御子をわたしたちの贖《あがな》いとしてお渡しになりました。[4] 聖なる方を不法な者たちのために、罪のない方を悪人たちのために、正しい人を不正な人々のために、朽ちることのない方を朽ちていく人々のために、[5] 不死の方を死ぬべき者たちのために贖いとしてお渡しになったのです。その方の正しさ以外に、わたしたちの罪を覆い隠すことのできるものがほかにあったでしょうか。神の御ひとり子以外に、罪深く不敬虔《けいけん》なわたしたちを正しい者とすることのできる方がほかにいたでしょうか。

　ああ、甘美な交換。ああ、はかりがたいみ業。ああ、すべての期待を越える賜物《たまもの》よ。多くの人の不法が正しい一人の人のうちに隠され、一人の人の正しさが多くの不法の者を義としたのです。[6]

[1] ヨハネ1・18参照　[2] マタイ19・17参照　[3] ルカ8・14　テトス3・3参照　[4] ローマ8・32　ヨハネ3・16参照　[5] 一ペトロ3・18参照　[6] ヤコブ5・20参照

12月19日

第一朗読　イザヤ47・1、3b—15　バビロンの陥落

第二朗読

聖イレネオ司教の『異端反駁《はんばく》』

救いをもたらす受肉の経綸

人間の栄光は神にあり、神の業《わざ》、そのすべての知恵、そして力の器は人間である。

医者が病む人々の間でその技量を試され、認められるように、神も人々の間で自らを現す。それゆえパウロも「神はすべての人を不従順の状態に閉じ込められましたが、それは、すべての人を憐《あわ》れむためだったのです」[1]と言っている。パウロはこれをほかならぬ人間について言ったのである。すなわち、人間は神への不従順ゆえに不死の状態から外へ投げ出されたので、神の子によってあわれみを得、[2]神の御子によって子とするという恵みを受けたのである。[3]

　思い上がったり、うぬぼれたりすることなく、造られたものと造った方について、つまりすべてにまさって力ある神、万物に存在を与えた方について正しい考えを保ち、神の愛、神への従順、そして感謝のうちにとどまる人は神からより大いなる栄光を受けるであろう。そして、人々のために死んでくださった方に似たものとなるであろう。

　事実、御子は罪を罪として裁き、裁かれたその罪を肉なる人の外に投げ出すため、「罪深い肉と同じ姿となり」[4]、また人をご自分と似たものになるように招いた。すなわち人を神に「倣う者」[5]とし、御父の国に招き、人が神を見るようにし、[6]父を捉《とら》えることができるようにしたのである。これらのことを行った方は、神を知ることに人を慣れさせ、人のうちに住むことに神を慣れさせるため、神の意志に従い、人のうちに住んで人の子となった神のことばである。[7]

　だから、主ご自身がわたしたちの救いのしるしとして、処女《おとめ》から生まれたインマヌエルを与えたのである。[8]つまり、自分で自分を救うことのできない者たちを主ご自身が救ったのである。それゆえ、パウロは人間の弱さを説き明かして「わたしの肉には、善が住んでいないことを知っています」[9]と言っている。これによって自分たちの救いという善が自らにではなく、神に由来することを言おうとしているのである。パウロはまた「わたしはなんと惨めな人間なのでしょう。死に定められたこの体から、だれがわたしを救ってくれるでしょうか」[10]と言い、それから、救出者を登場させてそれはわたしたちの主イエス・キリストの恵みであると言っている。[11]

　このことに関してはイザヤも「ゆるんだ手と弱った膝《ひざ》よ、力を出せ。小心な人々よ、勇気を出せ、恐れるな。見よ、わたしたちの神は裁きを下す。裁きを下すであろう。ご自身が来てわたしたちを救われる」[12]と言っている。この言葉は、わたしたちが自分の力によってではなく、神の助けによって救われたということをよく示しているのである。

1ローマ11・32　2一ペトロ2・10参照　3ガラテヤ4・4―5　4ローマ8・3参照　5エフェソ5・1参照　6マタイ5・8参照　7ヨハネ1・14参照　8イザヤ7・14参照　9ローマ7・18　10同7・24　11同7・25参照　12イザヤ35・3―4

12月20日

第一朗読　イザヤ48・1―11　神だけが将来の主

第二朗読

聖ベルナルド修道院長の『聖母賛美』

全世界はマリアの答えを待っている

ああ、処女《おとめ》よ、あなたはお聞きになったのです。一人の男の子を身ごもり、産むということを。[1]あなたはお聞きになったのです。このことが実現されるのは、人ではなく聖霊によるということを。[2]天使はあなたの答えを待っています。自分を遣わした方のもとに帰る時間が迫っているからです。ああ、婦人よ、わたしたちもまた、罰の宣告を受けた者として、あなたの承諾の言葉を待っているのです。

わたしたちの救いの代価となるものは、今あなたに提供されます。あなたが承諾してくだされば、わたしたちはすぐ自由の身となれるでしょう。わたしたちは皆、神の永遠のことばによって造られたものでした。しかし、今は死に直面しているのです。わたしたちが再びいのちに呼び戻されるためには、あなたの短い答えさえあればそれで十分なのです。

　ああ、いつくしみ深い処女よ、楽園から追われたアダムは不幸な子孫と共に涙のうちにあなたに哀願しているのです。しかもこの願いは、アブラハムとダビデ、そしてその他のすべての聖なる先祖、すなわち死の闇に包まれた地[3]に住むあなたのすべての先祖の願いでもあるわけです。全世界も彼らと心を合わせて、あなたの膝元《ひざもと》に身をかがめて待っているのです。

　不幸な人の慰め、捕らわれ人の解放、罰せられた者のゆるし、アダムのすべての子ら、すなわちあなたと結ばれている全人類の救いが、あなたの言葉にかかっていることを思うとき、その願いはむしろ当然なことなのです。

　処女よ、早く答えてください。一刻も早く天使に答えてください。天使にというよりは、むしろ天使を通して主に答えてください。言葉を出して、神のことばを受け入れてください。あなたの言葉を出して、神のことばを宿してください。消え去る言葉を出して、永遠のことばを抱いてください。

　どうしてためらっているのですか。どうして恐れているのですか。信じ、信頼し、受け入れてください。あなたの謙遜《けんそん》が勇気あるものとなり、あなたの恐れの念が信頼に満ちたものとなりますように。今は単純なおとめであるあなたは、賢明さを忘れてはなりません。賢明な処女よ、この場合に限って思い上がりを心配する必要はありません。慎《つつ》ましく沈黙を守ることは好ましいことですが、今はむしろ言葉を出していつくしみを示すべきです。

幸いな処女よ、信仰に心を開き、承諾のために唇を、造り主に胎を開いてください。諸国の民から期待されていた方は外に立ち、[4]あなたの門をたたいておられます。ああ、もしあなたが手間取っている間にその方が通り過ぎ、愛する方を泣きながら再び捜しに行かねばならないとしたら、なんと不幸なことでしょう。[5]ですから早く立ち上がり、急ぎ、開いてください。信仰によって立ち上がり、敬神《けいしん》によって急ぎ、意志表示によって開いてください。そこでマリアは、「わたしは主のはしためです。おことばどおり、この身になりますように」[6]と答えたのでした。

1 ルカ1・31参照　2 同1・35参照　3 イザヤ9・1参照　4 ハガイ2・8（ヴルガタ）　5 雅歌3・2参照　6 ルカ1・38

12月21日

第一朗読　イザヤ48・12―21、49・9b―13

バビロンからの解放、イスラエルの救い

第二朗読

聖アンブロジオ司教の『ルカ福音書注解』

聖なる処女マリアの訪問

天使は処女《おとめ》マリアに隠れた神秘を告げるにあたり、一つの例によって信仰が固められるよう、神にとってはお望みになることがすべて可能であることを示すために、年老いたうまず女《め》が子を宿したことを告げた。

これを聞いたマリアは、山里に向かって出かけて行った。彼女がそうしたのは、託言を信じなかったり、お告げをいぶかったり、示された例を疑ったりしたからではなく、希望に胸を躍らせて、奉仕の務めを果たそうとして、喜びにかられて急いで旅立ったのである。

すでに神に満たされていたマリアは、急いで高い所を目指して行くとしか考えられないからである。聖霊の恵みは、ためらいも遅れも知らないのである。マリアの到着と主の現存の効果はすぐに現れた。事実、「マリアの挨拶《あいさつ》をエリザベトが聞いたとき、その胎内の子がおどり、聖霊に満たされた」[1]のである。

一つひとつの言葉の選択とその意味に注意せよ。エリザベトは先に言葉を聞いたが、ヨハネは先に恵みを感じとった。エリザベトは自然に言葉を聞いたが、ヨハネは神秘の力によっておどった。エリザベトはマリアの到来を、ヨハネは主の到来を感じ、女は女の到来を、子どもは子どもの到来を感じた。女たちは受けた恵みについて語り、子どもたちは胎内で母たちのためにいつくしみの神秘を実現しはじめ、母たちは二重の奇跡によって子どもたちの霊感のもとに預言する。

子は喜びおどり、母は満たされた。子よりも先に母が満たされたのではなく、子が聖霊に満たされたので、母をも満たしたのである。ヨハネは喜んでおどった。そしてマリアの霊も喜んだ。ヨハネがおどるときにエリザベトは満たされるが、マリアについてはその霊で満たされたとは言われておらず、その霊は喜んだと言われている。把握しがたい方が、把握しがたいしかたで母の中に働いたからである。また、エリザベトは子を宿した後に満たされたが、マリアは子を宿す前に満たされた。エリザベトは、「信じたあなたは幸いだ」[2]と言った。

しかし、聞いて信じたあなたがたも幸いである。すべて信じた魂は、神のことばを宿して産み、その業《わざ》を認めるからである。

一人ひとりのうちにマリアの魂が宿って主をあ

がめ、一人ひとりのうちにマリアの霊が宿って神を喜びたたえますように。肉体的にはキリストの母は一人であるが、信仰によってはキリストはすべての人の実りである。全く汚れがなく、悪に染まることもなく、清純な貞潔を守る魂は皆、神のことばを受け入れているからである。

このような状態に達することができた魂はすべて、主をあがめる。マリアの魂が主をあがめ、その霊が救い主である神を喜びたたえたように。「わたしと共に主をあがめよ」[3]と他の箇所に書かれているように、主はあがめられるのであるが、それは人間の声で主に何かを加えることができるという意味ではなく、わたしたちの中におられる主があがめられるという意味である。キリストは神の姿である。[4]だから、人の魂が正しく尊いことを行えば、神に似せて造られたその魂は神の似姿をあがめることになり、それをあがめるうちに、その偉大さにいくらかあずかり、いっそう高められるのである。

1 ルカ1・41　2 同1・45　3 詩編34・4
4 二コリント4・4　コロサイ1・15参照

12月22日

第一朗読　イザヤ49・14〜50・1

シオンの再建

第二朗読

聖ベダ・ヴェネラビリス司祭の『ルカ福音書注解』

わたしの魂は主をあがめる

「マリアは言った。『わたしの魂は主をあがめ、わたしの霊は救い主である神を喜びたたえる。[1]』」

　マリアが言ったのは次のようなことである。主は前代未聞の偉大な恵みをわたしに授けてくださったので、それを言葉で言い表すことはできず、心の奥底でそれを感じとることもほとんどできない。ゆえに賛美と感謝をささげるために、わたしは魂の力の限りを尽くす。神の無限の偉大さを眺めるために、わたしは感謝をこめて、自分の命、感覚、理解力のすべてをそれに向ける。わたしのうちに宿った救い主イエスの永遠の神性によって、わたしの霊は喜びに満たされているからである。

「力ある方が、わたしに偉大な業《わざ》を行われた。その名は尊い。[2]」

　この言葉は、「わたしの魂は主をあがめる」という初めの言葉に結ばれる。神から偉大な業を行われた魂だけがふさわしく神をあがめ、自分と思いを同じくする人々に対して、「わたしと共に主をあがめ、共にその名をたたえよう[3]」と言うことができるのである。

　主を知りながら、自分にできるかぎり主をたたえず、その名を尊ばない人は、「天の国で最も小さい者と呼ばれる[4]」であろう。主の名が尊いと言われるのは、神が比類ない力の頂点にあって、すべての被造物を超え、その造られた宇宙とは全く別のものだからである。

「主はとこしえにあわれみを覚え、そのしもべイスラエルを助けてくださった。[5]」

　主が助けられたイスラエルを、主のしもべと呼ぶのは適切なことである。そのしもべは、従順で謙遜《けんそん》な者だからである。「イスラエルがしもべであるから、わたしは彼を愛した[6]」というホセアの言葉のとおりである。

　へりくだろうとしない者は救われず、預言者と共に、「見よ、神はわたしを助けてくださる。主はわたしの魂を支えてくださる[7]」と言うことはできない。逆に、「自分を低くして、子どものようになる人が、天の国でいちばん偉大である。[8]」

「わたしたちの先祖におっしゃったとおり、アブラハムとその子孫に対してとこしえに。[9]」

　ここで言われているのは肉によるアブラハムの子孫ではなく、霊による子孫のことである。つまり肉によるアブラハムの一族ではなく、割礼を受けていようといまいと、アブラハムの信仰の道を歩む人々を指す。アブラハム自身、割礼をまだ受けていなかったとき、神を信じ、神はこれを彼の義と認められた。[10]

　救い主の到来はアブラハムとその子孫にとこしえに約束された。「あなたがたは、もしキリストのものだとするならば、とりもなおさず、アブラハムの子孫であり、約束による相続人です[11]」（とパウロは言っている）。

　キリストの誕生やヨハネの誕生の前に、それぞれ母親が預言的な言葉を述べるのは適切なことである。こうして、罪が女たちによって始まったように、善も女たちによって始まり、一人の女性の過ちによって壊されたいのちは、熱心に賛美の言葉を語る二人の女性によってこの世に返されたのである。

1 ルカ1・46―47　2 同1・49　3 詩編34・4
4 マタイ5・19　5 ルカ1・54　6 ホセア11・
1（ヴルガタ）　7 詩編54・6　8 マタイ18・

4 9ルカ1・55 10創世記15・6 ローマ4・3参照 11ガラテヤ3・29

12月23日

第一朗読 イザヤ51・1―11 アブラハムの子孫の救い

第二朗読

聖ヒッポリト司祭の『ノエトスの異端論駁《ろんばく》』

隠されていた秘義の顕示

神は唯一である。兄弟よ、ほかでもない聖書からわたしたちはそれを認識している。それゆえ、神聖な書が宣言しているすべてのことをわたしたちは知り、聖書が教えているすべてのことを認識しようではないか。そして、御父がかく信じられたいと望まれるようにわたしたちは信じ、御父が御子にかく栄光を帰されることを望まれるように御子に栄光を帰し、御父が聖霊を与えられることを望まれるように聖霊を受けようではないか。自分の選択に則してではなく、自分の理解に則して、でもなく、神によって与えられた賜物《たまもの》を勝手気ままに扱うことなく、神ご自身が聖書を通して知ろうではないかにすることを望まれる方法で知ろうではないか。

唯一であられ、ご自分と時を同じくして共存するものは何一つ有しておられなかった神は、世を造ることを望まれた。神は世を考え、望み、ことばを発することで世を造られた。こうして、直ちに、望まれるままに、造られたものは存在するようになった。したがって、神と時を同じくして共存するものは何一つないことを知るだけで、わたしたちにとって十分である。神ご自身のほかに何一つ存在しなかったのである。神ご自身は一であるが多であった。理性のないものでも、知恵のないものでも、力のないものでも、意志のないものでもなかったからである。すべては神ご自身のうちにあり、神ご自身がすべてであった。望まれたときに望まれたように、自ら定められた時々にご自分のことばを示され、このことばを通してすべてのものを造られたのである。

神がことばをご自分のうちに有しておられたとき、それは造られた世にとって見えないものであったが、神はそれを見えるものとされるのである。まず、神は音声としてこのことばを発し、光よりの光として生み、ご自分のことばを主として被造物のもとに遣わされた。こうして、初めはただひとり神ご自身にしか見えず、世には見えなかったことばを、見えるものとされた。それが現されるとき、世がこれを見て救われるためであった。世に出られたこのことばは、神の子として示された。すべてのものはこの方を通して造られたが、この方はただひとり、御父から生じた方である。

神は律法と預言者を与えてくださった。そしてそれらを与えるにあたって、聖霊を通して彼らが語るように駆り立てたのである。こうして御父の力の息吹を受けた彼らは、御父のみ旨と意思を告げ知らせるのである。

　こうしてことばは明らかにされた。聖ヨハネが、すべてのものはこのことばを通して造られたことを示し、預言者たちが言っていたことを要約して述べているとおりである。実に、「初めにことばがあった。ことばは神と共にあった。ことばは神であった。すべてのものはことばによって造られた。ことばによらずに造られたものは何一つなかった。[1]」さらに先に進んだところで言っている。「世はことばによって造られたが、世はことばを認めなかった。ことばは自分の民のところへ来たが、民はことばを受け入れなかった。[2]」

1ヨハネ1・1、3　2同1・10―11

12月24日

第一朗読　イザヤ51・17〜52・2、7―10　神の怒りの杯

第二朗読

聖アウグスチヌス司教の説教

まことは地から萌えいで、義は天から目を注いだ

人よ、目覚めなさい。あなたのために神は人となられました。「眠りについている者よ、起きよ。死者の中から立ち上がれ。そうすれば、キリストはあなたを照らされる。[1]」もう一度言います。あなたのために神は人となられました。

　キリストが時間のうちに生まれてくださらなかったなら、あなたは永遠に死んだことでしょう。キリストが罪深い肉と同じ姿を自ら引き受けられなかったなら、[2]あなたは罪深い肉から解放される

ことは永久になかったでしょう。このようないつくしみがなされなかったなら、あなたはとこしえのみじめさを持ち続けたことでしょう。キリストがあなたと死を共にしてくださらなかったなら、あなたは生き返らなかったでしょう。助けてくださらなかったなら、力尽きていたことでしょう。おいでくださらなかったなら、滅びていたことでしょう。

　そこで、喜びをもってわたしたちの救いと贖《あがな》いの到来を祝いましょう。偉大な永遠の日そのものである方が、そこからわたしたちのはかない日の中に来てくださったこの日を祝いましょう。

　このキリストがわたしたちにとって義と聖と贖いとなられたのは[3]、聖書に書かれているとおり、「誇る者は主を誇る」[4]ためです。

　こうして、「まことは地から萌《も》えいでた」[5]というのは、「わたしは真理である」[6]と言われたキリストが処女《おとめ》から生まれたからです。「義は天から目を注いだ」[7]というのは、新たに生まれたこの方を信じる人が、人間自身からではなく神から義とされたからです。

　「まことは地から萌えいでた」というのは、「ことばが肉となった」[8]からです。「義は天から目を注いだ」というのは、「よい贈り物と完全な賜物《たまもの》は、すべて上から」[9]来るからです。

　「まことは地から萌えいで」、肉身はマリアから生まれました。「義は天から目を注いだ」というのは、「天から与えられなければ、人は何も受けることができない」[10]からです。

　「信仰によって義とされたのだから、神との間に平和を持ちましょう」[11]というのは、「義と平和は口づけした」[12]からです。「わたしたちの主イエス・キリストによって」[13]というのは、「まことは地から萌えいでた」からです。「このキリストのおかげで、今の恵みに導き入れられ、神の栄光にあずかる希望を誇りにしています。[14]」ここで、「わたしたちの栄光」と言わないで、「神の栄光」と言います。それは、義はわたしたちから発するものではなく、「天から目を注いだ」からです。そこで誇る者は自分を誇るのではなく、主を誇りなさい。

そういうわけで、主が処女から生まれた後、天使の声があって、「いと高きところには栄光、神にあれ、地には平和、み心に適《かな》う人にあれ[15]」と言うのです。

地に平和はどうしてありえるのでしょうか。「まことは地から萌えいでた」から、つまりキリストが肉から生まれたからではないでしょうか。実に、「キリストは、わたしたちの平和であり、二つのものを一つに[16]」されました。それも、わたしたちが善意の者、一致のきずなによって心地よく結ばれた者となるためでした。

そこでこの恵みを喜びましょう。わたしたち自身を誇るのではなく、主を誇る心の証《あか》しがわたしたちの栄光となりますように[17]。そういうわけで、「わたしの栄え、わたしの頭を高くあげてくださる方[18]」と書き記されています。実にひとり子を人の子とならせることによって、人の子を神の子としてくださるという、これよりも大きな神の恵みがわたしたちに現れることがありえたでしょうか。

これは人間のどのような功徳《くどく》に対して行われたのか、どういう原因があったのか、どういう正義に則《のっと》ってなされたのかと尋ね求めても無駄なことです。見いだせるのは、ただ神の恵みだけなのです。

1 エフェソ5・14　2 ローマ8・3参照　3 一コリント1・30参照　4 同1・31　5 詩編85・12a　6 ヨハネ14・6　7 詩編85・12b　8 ヨハネ1・14　9 ヤコブ1・17　10 ヨハネ3・27　11 ローマ5・1　12 詩編85・11　13 ローマ5・1　14 同5・2　15 ルカ2・14　16 エフェソ2・14　17 二コリント1・12参照　18 詩編3・4

降誕節（主の公現前）

12月25日　　祭日

主の降誕

第一朗読　イザヤ11・1―10　　エッサイの根

第二朗読

聖レオ一世教皇の説教

キリスト者よ、あなたの優れた身分をわきまえなさい

　親愛なる皆さん、喜びましょう。わたしたちの救い主は、今日お生まれになったのです。いのちがお生まれになったのですから、悲しむようなことがあってはなりません。この誕生は死に対する恐怖を消し尽くして、永遠性の約束の喜びをわたしたちにもたらしています。

　だれもこの喜びにあずかることを拒まれはしません。この喜びはわたしたち皆に共通なものです。罪と死を滅ぼす方であるわたしたちの主は、罪の負い目を持たない人がだれもいないのを見て、すべての者を解放するために来られたからです。聖人は喜びおどりなさい、勝利の栄冠に近づいているのですから。罪びとも喜びなさい、罪のゆるしに招かれているのですから。異邦人は生気《せいき》を取り戻しなさい、いのちに呼ばれているのですから。

　さて、神の御子は、はかり知れない神の計画によって定められた時が満ちたとき、人類をその創造主と和解させるために、人間性をまとわれました。それは、死を作り出した悪魔が、征服した人間性によって逆に征服されるためでした。

　したがって、主の降誕に際して、天使たちは喜びおどりながら、「いと高きところには栄光、神にあれ」と歌い、「地には平和、み心に適《かな》う人にあれ」[1]と告げます。天使たちは、全世界のあらゆる民族が天上のエルサレムを構成しているのを見ているからです。神の愛のこの名状しがたい業《わざ》から、卑しい人間は、どれほど大きな喜びを汲《く》み取るべきでしょうか。

それで、親愛なる皆さん、御父である神に、その御子によって、聖霊において感謝をささげましょう。神は、大いなる慈愛によってわたしたちをあわれみ、わたしたちがキリストにおいて新しい被造物となり、[2] そのみ手によって新しく造られたものとなるために、「罪のために死んでいたわたしたちをキリストと共に生かしてくださった[3]」のです。

したがって、わたしたちは古い人をその行いと共に脱ぎ捨てましょう。[4] そして、キリストの誕生にあずかって、肉の業を捨て去りましょう。

キリスト者よ、あなたの優れた身分をわきまえなさい。あなたは神の本性にあずかる者となったのですから、[5] 卑しいふるまいによって、昔のみじめな姿に戻ってはなりません。あなたの頭《かしら》がだれであり、あなたがだれの体の肢体であるかを忘れてはなりません。神があなたを闇の力から救い出して、[6] 神の光と神の国に移されたことを思い起こしなさい。

洗礼の秘跡はあなたを聖霊の住まいとしました。したがって、あなたは悪い行いによってこの賓《ひん》客《きゃく》を拒み、あなたを再び悪魔の支配下に置くようなことがあってはなりません。あなたの贖《あがな》われた値は、キリストの御血なのですから。

1 ルカ2・14　2 二コリント5・17参照　3 エフェソ2・5　4 コロサイ3・9参照　5 二ペトロ1・4参照　6 コロサイ1・13参照

聖家族　主の降誕の八日間中の主日　祝日

「主の降誕」が主日にあたる年は、12月30日に祝う。

第一朗読　エフェソ5・21〜6・4　キリスト者の生活

第二朗読

パウロ六世教皇がナザレで行った説教

ナザレの模範

ナザレはイエスの生涯が初めてわかるようになる所です。福音を学ぶ所です。

きわめて単純で謙虚な、しかもこの上なく美しい神の御子の現れの奥深い神秘的意義を見つめ、聞き、黙想し、その中に深く入ってゆくことを学ぶ所です。おそらくそれと気づかずに、神の御子を模倣することをも学ぶでしょう。

キリストがどういう方であるかということを理解する方法は、ここで教えられます。わたしたちの間にいてどのように生活なさったのか、つまり土地がらや歳月の流れ、生活習慣や交わされた言葉、宗教上の務めなど、イエスがこの世の人々にご自分を表すために用いられたもの全部を知りたい、という気持ちにさせる所です。ここではすべてが語り、すべてが意味を持っています。

福音の教えに従ってキリストの弟子になりたいのなら、精神を鍛錬《たんれん》する必要のあることをここで教えられます。

わたしは再び子どもになってナザレの慎《つつ》ましく、しかも比類のない教えを身につけ、生きるための真の知識と神の真理を悟る最高の英知を、マリアのかたわらで今からもう一度学び直すことができたら、という強いあこがれを感じています。

しかし、わたしはここに長くとどまるわけにはいきません。福音を悟るための決して終わることのない指導を、ここにとどまっていつまでも受けたいという望みは捨てなければなりません。けれども、ナザレのいくつかの教訓を急いで拾い集めずに、ここから出かけたくはありません。

その教訓とは何でしょうか。まずそれは沈黙です。この大切な、欠かしてはならない精神の状態、沈黙をもう一度評価し直したいものです。わたしたちは落ち着きがなく、神経をいらだたせる現代生活の中にあって、ひっきりなしの騒音、喧騒《けんそう》、叫びに取り囲まれています。心をひそめ、内面にとどまること、心に浮かぶ正しい衝動に気づく敏感さ、真の指導者たちの教えを聞く心構え、また準備、研究、黙想、個人的な内的生活、隠れたところで神だけが見ておられる祈りの必要と価値を[1]、ナザレの沈黙から学びとりましょう。

第二は家庭生活の教訓です。このナザレが家庭、その愛の共同体、その簡潔で単純な美しさ、聖にして侵すことのできない家庭生活の特質を教えてくれますように。家庭における教育がいかに心をなごませ、ほかに代わるものがないということ、社会に対する家庭の絶対的な役割を悟らせていただきましょう。

第三は労働の教訓です。ナザレは大工の息子と呼ばれたイエスの家でした。ここでわたしは、労働が人間にとって厳しく、贖《あがな》いの力を備えた原則であることを理解し、ほめたたえたいのです。ここで労働の尊さをもう一度自覚し、労働それ自体が目的ではないこと、労働の自由と尊厳はその経済的な価値からだけではなく、労働が最終的に目指す諸価値からくることを思い出させたいのです。終わりにあたり、このナザレから全世界の労働者の皆さんに挨拶《あいさつ》をおくるとともに、皆さんの偉大な模範であり兄弟である方、皆さんの正しい願望を宣言する預言者である主・キリストの姿をお見せしたいと思います。

1 マタイ6・4参照

12月26日　聖ステファノ殉教者

祝日固有　156ページ

12月27日　聖ヨハネ使徒福音記者

祝日固有　159ページ

12月28日　幼子殉教者

祝日固有　162ページ

12月29日　主の降誕第五日　週日

第一朗読　コロサイ1・1―14　感謝と祈り

第二朗読

聖ベルナルド修道院長の説教

時が満ちて、満ちあふれる神性も来た

「わたしたちの救い主である神のいつくしみと人間性が現れました。[1]」旅人であり、さすらいの身であり、この世のみじめさの中に生きるわたしたちに、これほど大きな慰めを豊かに与えてくださった神に感謝をささげましょう。

神の人間性が現れるまで、神のいつくしみは人目につかず、隠されていたのです。そのいつくしみは確かに以前からあったものなのです。なぜなら、主のいつくしみは永遠だからです。しかし、このいつくしみがどれほど大きなものであったかということを、人は知ることができなかったのです。それは、このいつくしみは約束されたことであって、実際に体験されたことではなかったからです。ですから、このいつくしみは大勢の人から信じられなかったのです。「神は、預言者たちによって、多くのしかたで語られた」[2]ことは事実です。神は言われます。「わたしの計画は、平和の計画であって、災いの計画ではない。」[3]しかし、平和を経験せず、災いだけを経験していた人はこれに何と答えたのでしょうか。「平和がないのに、『平和、平和』[4]」、と答えたのです。そのために平和の使者たちは嘆きながら、[5]「主よ、わたしたちの聞いたことをだれが信じえようか」[6]と言っていたのです。しかし、今こそ人は、自分の目で見ていることを信じなければなりません。神の証《あか》しの真実であることが、あまりにもはっきり証明されたからです。[7]人の目がかすんでいても見えるように、「神は太陽の幕屋を設けられた」[8]のです。

今、平和は単に約束のものではなく、送られたもの、延期されたものではなく、与えられたもの、予告されたものではなく、現されたものとなったのです。神のいつくしみでいっぱいになっている袋のようなものが、父である神から地上に送られたのです。そうです、この袋がイエスの受難のときに破られるようになっていたのです。こうして、その中に納められたわたしたちを買い取るために払われる代価が注ぎ出されたのです。その袋は小さなものであっても、いっぱいになっていたのです。「一人のみどり子がわたしたちに与えられた」[9]のですが、彼のうちにこそ「満ちあふれる神性が、余すところなく宿っている」[10]からです。時が満ちて、満ちあふれる神性も来たのです。[11]彼は肉なる人にさえ示されるために、また、神の人間性の現れによって、神のいつくしみが明らかに示されるために、肉をもって来られたのです。事実、神の人間性が認められるときから、そのいつくしみは、もはや知られないようなものではありえないのです。主はわたしの肉をとったのですが、これ以上に優れた神のいつくしみの表し方がほかにあるでしょうか。彼はまさに、人祖の罪以前にアダムが持っていたような肉ではなく、このわたしの肉をとったのです。

神が、わたしたちのみじめさそのものを身にまとってくださった以上のいつくしみの証拠がほかにあるでしょうか。神のことばがわたしたちのために野の草になる以上の愛の表現がほかにあるでしょうか。「主よ、人間とは何ものなのでしょう。あなたがこれを親しまれるとは。あなたが思いやってくださるとは。」[12]〔神のことばの受肉を〕考えることによって、人は、神が自分のことをどれほど配慮しておられるか、自分についてどのように考え、感じておられるかを学べばよいのです。ああ、人よ、あなたは自分にどのような苦しみがあるのかと思いめぐらすべきではなく、むしろキリストがどれほどの苦しみを耐え忍んだかを思いめぐらすべきです。神があなたのために人となられたことによって、神があなたをどれほど大切にしておられるかを熟考してください。そうすれば、神の人間性によって神のいつくしみを知るようになるでしょう。神は人間として身を低くされることによってこそ、それだけ愛の大きさを証明してくださったのです。また、わたしのために卑しい者となられたことによってこそ、それだけわたしにとって身近な者となられたのです。「わたしたちの救い主である神のいつくしみと人間性が現れました」と使徒パウロは言うのです。神の人間性は確かに偉大で、明らかないつくしみなのです。〔イエスの〕人間性が神という名で呼ばれるようにしてくださったことによって、神はそのいつくしみの偉大なしるしを示されたのです。

1テトス3・4　2ヘブライ1・1　3エレミヤ29・11　4同6・14　5イザヤ33・7　6同53・1　ローマ10・16　7詩編93・5参照　8同19・5　9イザヤ9・5　10コロサイ2・9　11ガラテヤ4・4参照　12詩編8・5　ヨブ7・17

12月30日　週日

主の降誕第六日

第一朗読　コロサイ1・15～2・3

教会の頭であるキリスト

第二朗読

聖ヒッポリト司祭の『全異端論駁《ろんばく》』

肉体となられたことばは、わたしたちを神化される

わたしたちはむなしい言葉に信頼しているのではない。心の気まぐれに捕らえられているのでもない。言葉を弄《ろう》することの巧みさに魅せられたのでもない。神の力によって語られたことばに信頼しているのである。

まず、神はことばにこのことを語るように命じられ、ことばはそれを語られたのである。それによって人を不従順から立ち戻らせたのである。しかも、強いて隷属させるのではなく、自ら望んで従うように自由へと招いたのである。[1]

時が満ちると、御父はこのことばを遣わされた。御父は、ことばが預言者によって語られ、曖昧《あいまい》な宣言によって誤解されることを望まれなかった。つまり、世が見て救われるために、ことばが自らを現すことを神は望まれたのである。

このことばが処女《おとめ》から肉体をとられ、新しく形造ることによって古い人をまとわれたことをわたしたちは知っている。この人は、わたしたちと同じ素材から造られたことをわたしたちは知っている。それは、もし同じものから造られたものとして存在していたのでなければ、師としてのご自分に倣うように命じるのはむなしいことになるからである。この人がわたしたちとは別の実体であるなら、本性的に弱いものであるわたしに、ご自分に似たような行動をとるように命じることはなかったであろう。また、そうであればこの方がよい方、正しい方とは言えないだろう。

わたしたちとは別のものであると考えられることのないように、この方は労苦を耐え忍び、飢えを感じることをよしとされ、渇きを拒まず、眠られ、苦難を退けず、死に服し、復活を知らせてくださった。これらすべてのことのうちに、ご自分を人間の初穂としてささげられたのである。それは、苦難のうちにあって、あなたが落胆することなく、あなた自身人間であることを喜んで受け入れ、人となられた方に神が与えられたものをあなたも期待するためである。

真の神を学んだのであるから、あなたは魂と共に、死ぬことも滅びることもない体をも持つであろう。地上で生きているうちに天の王を認識したのであるから、あなたは天の国を得るであろう。神と交わりをもち、キリストと共に相続する者となるであろう。[2] 欲望や苦しみや、病に屈することもないであろう。あなたは神化された者となったからである。

あなたが耐え忍んだ苦難は何であれ、あなたが人間であるがゆえに神が与えてくださったものである。神に付随するものは何であれ、あなたが神化され、不死なるものとされたから、それらを与えると神は約束された。すなわち、「汝、自らを知れ」ということは、あなたを造られた神を認めることである。自らを知ることは、神から呼びかけを受けている者にとっては、神に知られることと結びついているからである。

したがって、あなたたち自身に対して敵愾心《てきがいしん》を抱くことなく、回心をためらってはならない。実に、キリストはすべてを超えて神であられるが、[3]彼は人々から罪を洗い落とすことをお定めになり、古い人を新しい人へと完成させたのである。[4]初めから、神は人をご自分のかたどりと呼び、その似姿にすることを通して、[5]あなたに対するいつくしみを明らかにされた。尊い掟《おきて》に従い、よいものとしてよい方に倣う者となるなら、あなたも同様に神から誉れを与えられるであろう。神はその豊かさによって、ご自分の栄光のためにあなたをも神とされたのである。

1ガラテヤ5・13参照　2ローマ8・17参照
3同9・5参照　4同6・6　エフェソ4・22—24参照　5創世記1・26参照

12月31日　主の降誕第七日　週日

第一朗読　コロサイ2・4―15

キリストにおけるわたしたちの信仰

第二朗読

聖レオ一世教皇の説教

主の誕生は平和の誕生

神の御子は、神のみいつに満たされながらも、年がたつにつれてその幼年の状態から成年へと成長されました。また、受難と復活の勝利の成就によって、わたしたちのために主がお受けになった謙遜《けんそん》な行為〔である受肉〕はすべて過去のものとなっています。しかし、今日のこの祝日は、処女《おとめ》マリアからお生まれになったイエスの聖なる降誕を、わたしたちのために再び新たにします。そしてわたしたちは救い主の降誕を礼拝しながら、わたしたち自身の起源を祝うのです。

キリストの降誕はキリストの民の起源であり、頭《かしら》の誕生日は体の誕生日でもあるからです。

教会のすべての子らが召された時や時代が違っていたとしても、洗礼の泉から生まれたすべての信者は、受難に際してキリストと共に十字架につけられ、復活に際して復活させられ、昇天に際して御父の右に座らせられたように、この降誕においてキリストと一緒に生まれたのです。

世界のすみずみまで、キリストのうちに再生されたすべての信者は、生まれながら受けた古い状態を断たれて、新たな誕生によって、新しい人となります。[1] その人はもはや父親の血筋に属するのではなく、救い主の子孫です。この救い主は、わたしたちが神の子となりうるために、自ら人の子となられたのです。

事実、もし救い主が自らを低くしてわたしたちのもとに降《くだ》って来られなかったとすれば、自分の行いによって彼のところまで達することのできる人間はだれもいなかったでしょう。

それで、わたしたちに与えられた賜物《たまもの》の大きさは、その価値にふさわしい尊敬を払うことをわたしたちに求めています。使徒聖パウロもこのことを教えて、「わたしたちは、世の霊ではなく、神からの霊を受けました。それでわたしたちは、神から恵みとして与えられたものを知るようになったのです[2]」と言っています。神をふさわしくたたえるための唯一の方法は、神がわたしたちに与えてくださったものを神にささげることなのです。

さて、神が寛大に与えてくださる宝のうちで、今日の祝日にとって平和ほどふさわしいものは他に見いだされません。この平和こそ、主が降誕されたとき天使たちが歌った最初のテーマでした。

この平和こそ、神の子らを生み出し[3]、愛を育《はぐく》み、一致を生むものです。この平和こそ、至福なる者たちの安らぎであり、永遠の住まいです[4]。この平和の特別な働きと恵みは、世から選び出した者を神に結ぶのです。

したがって、「血によってではなく、肉の欲によってではなく、人の欲によってでもなく、神によって生まれた[5]」人が、平和の子らの一致を御父にささげますように。そして、自分の意志ではなく、お遣わしになった御父のみ心を果たすために来られた[6]新しい被造物の長子《ちょうし》に、神の子とされたすべての人が肢体として継ぎ合わされますように。恵み深い御父は、争いや分裂ではなく、一つの心、一つの愛で一致している者をご自分の相続人とされたからです。ただ一つの原型に従って造り直された人々は、同じ一つの心を持たなければなりません。

主の誕生は平和の誕生です。使徒パウロも、「キリストはわたしたちの平和であります。二つのものを一つにされました」[7]と言っています。それは、ユダヤ人であれ異邦人であれ、わたしたちは「彼によって一つの霊に結ばれて、御父に近づくことができる」[8]からです。

1 エフェソ4・22—23参照 2 一コリント2・12 3 マタイ5・9参照 4 エフェソ4・3参照 5 ヨハネ1・13 6 同6・38参照 7 エフェソ2・14 8 同2・18

1月1日　神の母 聖マリア　祭日

第一朗読　ヘブライ2・9—17

すべての点で兄弟たちと同じようになったキリスト

第二朗読

聖アタナシオ司教の手紙

ことばはマリアから人間の本性を受けられた

使徒パウロが語っているように、ことばは「アブラハムの子孫を助けられるのです。」それで、彼は、「すべての点で兄弟たちと同じようにならねばならなかったのです。」[1]そして、わたしたちの身体と同様な身体をとらなければなりませんでした。だから、ことばがマリアから身体を受けとるために、まさにマリアはそこに存在したのです。ことばは、その身体を自分の固有な体として、わたしたちのためにささげられたのです。聖書はその出産について語って、「子を布にくるんだ」[2]と言っています。そしてその子が吸った乳房は幸いと賛美され、[3]初子《ういご》として母胎から出た者なので犠牲がささげられたのです。そしてガブリエルはマリアに、賢明な言葉でお告げをしました。すなわち、その子の身体が外部から彼女の中に運び込まれたと思われないために、「あなたの中で生まれる子」とは言わずに、みどり子が本性的に彼女から由来したと信じられるようにするために、「あなたから生まれる子」と言ってお告げをしたのです。[4]

そのようになったのは、ことばがわたしたちのものを受けとり、それを犠牲にささげて見えないものにし、続いてわたしたちにご自分に固有のものをまとわせるためでした。このことを取り上げて使徒パウロは、「この朽ちるべきものが朽ちないものを着、この死ぬべきものが死なないものを必ず着るようになります」[5]と語ったのです。

以上のことは、仮現的《かげんてき》なことではありません。ある人々がそれを仮現と考えていましたが、決してそうではありません。救い主はまことに人間となられて、そこから人間全体の救いが生じてきたのです。わたしたちの救いは、決して空想的なものでも、身体だけにかかわるものでもありません。魂と体を包む人間全体の救いは、真にことばご自身のうちで成就したのです。

したがって、聖書によれば、マリアから生まれたのは本性的に人間的なものであり、主の体は真の身体です。真の身体であったのは、わたしたちの身体と同様の身体であったからです。なぜなら、マリアはわたしたち皆と同様に、アダムの子孫としてわたしたちの姉妹だからなのです。

「ことばは肉となった」[6]と言うヨハネの言葉の意味も、今述べたことと同じです。それは、パウロにおいて見られる似たような語り口からもわかります。すなわちパウロは、「キリストは、わたしたちのために呪《のろ》いとなった」[7]と言っています。確かに、人間の身体はことばと交わり、結ばれることによって、はかり知れないほど高められました。事実、それは死すべきものから死なないものに、自然の命を持っているものから霊的なものになり、[8]塵《ちり》から造られたものでありながら天上の門をくぐり抜けたのです。

　さて、たとえことばがマリアから体をとったとしても、三位一体は三位一体としてとどまり、増えもせず減りもせず、永遠に完全であります。しかも、三位一体のうちに唯一の神性が認められるのですから、教会においては一つの神、ことばの父が宣《の》べ伝えられるわけなのです。

1 ヘブライ2・16―17参照　2 ルカ2・7　3 同11・27参照　4 同1・35参照(異読)　5 一コリント15・53　6 ヨハネ1・14　7 ガラテヤ3・13　8 一コリント15・44参照

1月2日　週日

第一朗読　コロサイ2・16〜3・4

キリストにおける新しい生活

第二朗読

聖バジリオ司教の『聖霊論』

聖霊においてご自分の体を生かされる主

もはや肉に従って生きておらず、かえって神の霊によって導かれ、神の子と呼ばれ、[1] 神の御子の生き写しになった者は霊的な者と言われる。ちょうど、健全な目には物を見分ける能力があるのと同様に、清められた魂の中には聖霊の能力がある。

言葉というものは、時として心において考えられたものとして魂のうちに存在し、時として口で述べられたものとして存在するが、同様に聖霊も、時にはわたしたちの霊と一緒になって証《あか》しを立て、わたしたちの心の中で「アッバ、父よ」[2] と叫ぶ者として存在し、時には「話すのはあなたがたではなく、あなたがたの中で語ってくださる、父の霊である」[3] と主が言われたとおり、わたしたちに代わって語る者として存在しておられる。

部分によって全体が知られるとおり、聖霊は分配されたそのさまざまな賜物《たまもの》によって知られる。事実、わたしたちは皆互いに肢体であるが、わたしたちに与えられた神の恵みに従って、それぞれに異なる霊の賜物を持っている。[4]

そのために、「目が手に向かって『お前は要らない』とは言えず、また、頭が足に向かって『お前たちは要らない』とも言えない」[5] のである。すべての肢体が一緒になって、聖霊によって一致しながらキリストの体全体を成しており、それぞれが受けた賜物を用いて、必要に応じて互いに助け合うのである。

神はご自分の望みのままに、体に一つひとつの肢体を置かれ、[6]肢体は生来の霊的交わりによって互いに配慮し合っている。それで、「もし一つの肢体が苦しめば、すべての肢体も共に苦しみ、もし一つの肢体が尊ばれれば、すべての肢体も共に喜ぶ」[7]のである。

さらに、部分が全体のうちにあるように、わたしたちは皆、霊のうちにいる。それは、わたしたちは皆一つの体のうちにあって、一つの霊になるために洗礼を授けられたからである。[8]

御子を見れば御父がわかるのと同じく、[9]聖霊を見れば御子がわかる。したがって、霊において行われる礼拝は、わたしたちの精神の働きが光において行われていることを示すのである。[10]それは、サマリアの婦人に言われたことから学びうることである。事実、その婦人がその地方の慣習に従って、礼拝が場所に限られていると考えていたとき、主はこの婦人に教えて、「霊と真理をもって礼拝しなければならない」[11]と言われた。主はこう言われたときに、もちろん「真理」という言葉で自分自身を指しておられたのである。[12]

したがって、礼拝が父なる神の像である御子において行われるのと同様に、ご自身において主の神性を表しておられる霊において行われるとも言うべきである。

こうして、わたしたちは霊に照らされて神の栄光の輝きをふさわしく眺め、御子という神の完全な現れを通して、御子が完全な現れと同質な証《しょう》印《いん》として示しておられる方へと導かれるのである。

1 ローマ8・14参照　2 ガラテヤ4・6　ローマ8・15　3 マタイ10・20　4 ローマ12・6　エフェソ4・7参照　5 一コリント12・21
6 同12・18参照　7 同12・26　8 同12・13参照
9 ヨハネ14・9参照　10 同4・23、3・21参照
11 同4・24　12 同14・6参照

1月3日　週日

第一朗読　コロサイ3・5—16　新しい人の生き方

第二朗読

聖アウグスチヌス司教の『ヨハネ福音書講話』

愛の二つの掟

愛の師である主、愛に満たされた主、あらかじめ告げられていたとおり「地上において言われたことばを速やかに行われる」[1]主が来られ、律法と預言者が愛のこの掟《おきて》にもとづいていることを示されました。

兄弟の皆さん、この二つの掟が何であるか、わたしと共に思いめぐらしてください。それらは常に心にとどめておくべきもので、わたしがそれについて述べるときにだけ心に思い浮かんでくるはずのものではありません。あなたがたの心から決して消えてはならないものなのです。神と隣人を愛さなければならないことを、いつもいつも考えておくようにしなさい。神を、「心を尽くし、精神を尽くし、思いを尽くして」[2]愛すべきであり、隣人を「自分のように」[2]愛すべきなのです。

これらのことは常に考えるべきこと、常に瞑想《めいそう》し、心にとめ、実行し、果たすべきことがらです。神への愛は命令の順序では先ですが、隣人への愛は実行の順序では先です。二つの掟の中であなたにこの愛を命じられたキリストは、まず隣人への愛の掟のことを述べ、それから次に神への愛の掟を述べられたのではなく、まず神への愛の掟を述べられ、それから隣人への愛の掟を述べられたのです。しかし、あなたが神をまだ見ていないので、あなたは隣人を愛することによって神を見るという、将来の報いに値する者になります。隣人を愛することによって、神を見るために目を清めます。

ヨハネは明らかに、「目に見える兄弟を愛さない者は、目に見えない神を愛することができません[3]」と言っています。

あなたに向かって「神を愛しなさい」と言われているのです。もしあなたがわたしに向かって、「愛すべきその方を示してください」と言うなら、わたしはヨハネが言った、「いまだかつて、神を見た者はいない[4]」ということ以外に返す言葉はありません。しかし、ヨハネは、あなたが自分には神を見ることは全くできないことだと考えないために、「神は愛です。愛にとどまる人は、神のうちにとどまっています[5]」と言い加えています。ですから、隣人を愛しなさい。そして、隣人を愛するようにあなたを動かしている愛を、自分の心の中で見つめるようにしなさい。あなたはそこで、今できるかぎり神を見るでしょう。

ですから、まず隣人を愛しなさい。「飢えた人にあなたのパンを裂き与え、さまよう貧しい人をあなたの家に招き入れ、裸の人に会えば衣を着せ、同胞に助けを惜しまないようにしなさい。[6]」

このようなことを行うと、どのような報いを得るのでしょうか。「そうすれば、あなたの光は曙《あけぼの》のように射《さ》しいでるでしょう。[7]」あなたの光はあなたの神です。この世の夜の後にあなたに現れるから、あなたにとって曙の光です。それは、神ご自身としてはいつもそのままとどまっておられ、昇ることも沈むこともないからです。

あなたは隣人を愛し、隣人を世話することによって旅を続けます。どこに向かって旅を続けるのでしょうか。それは主なる神、わたしたちが心を尽くし、精神を尽くし、思いを尽くして愛すべき神に向かってではないでしょうか。わたしたちはまだ主のもとに着いていませんが、隣人が自分のそばにいます。それで、神といつまでも共にとどまることを望んでいるあなたは、神のもとに達するために、自分の旅の同伴者である隣人の支えになるようにしなさい。

1ローマ9・28　2ルカ10・27　3一ヨハネ4・20　4ヨハネ1・18　5一ヨハネ4・16
6イザヤ58・7　7同58・8

1月4日　週日

第一朗読　コロサイ3・17〜4・1　キリスト者の家庭

第二朗読

証聖者聖マクシモ大修道院長の『ケントゥリア』

常に新しい神秘

　ひとたび肉体をとって誕生した神のことばは、求める人のために、いつでも喜んで霊的に生まれてくださる。ことばは、その人の中で赤子《あかご》となり、その人の美徳のうちに形造られており、ご自分を受け入れる人の能力を知ったうえで、それに応じてご自分を現してくださる。そうするときに、ことばは、ねたみのゆえに自らの偉大さを表すのを差し控えるのではなく、自分を見たいと願うその人の能力の程度を見ておられる。こうして神のことばは、それを受け入れる人々の能力に応じて彼らに常に現れるのと同時に、自分の絶大な神秘として、すべての人によって同じく見えないものとしてとどまっておられる。

だから聖なる使徒パウロは、神秘の偉大さを知恵深く考察して、「イエス・キリストは、きのうも今日も、また永遠に変わることのない方です」[1]と言っている。パウロはこの神秘は常に新しく、いかに理解しても尽きることなく、古びることがないということをよく知っていたのである。

神であるキリストは誕生し、理性を備え、魂をもった肉を受けとって人となられた。この方は、万物を無から存在させられた方である。昼間でも見える一つの星が東方から現れ、ことばが肉をとって誕生した場所に占星術の学者たちを導いたのである。この星が現れたのは、ことばが律法や預言者の言葉に含まれており、感覚的な知識を神秘的に超えていること、異邦人を知恵の最高の光に導くことを示すためであった。

確かに、律法と預言者の教えは、星のようなものとして信心深く理解すれば、計画に従って神の力によって召された人々が、受肉したことばを正しく識《し》るように導くものである。[2]

神は人間本性から何も除外せずに、そのまま受けとって完全な人となられた。ただ罪だけを除いてではあるが、罪は人間本性に属するものではないのである。ことばが人間となられたのは、人の肉をむさぼり食おうとした食欲旺盛《おうせい》な竜に、自分の肉を餌食《えじき》として差し出して刺激するためであった。この肉は竜にとって致命的な毒となり、その肉のうちにある神性の力によって、竜を完全に打ち倒した。また、この同じ肉は、人々の本性にとっては薬となり、そのうちにある神性の力によって人を原初の恵みの状態に導き戻したのである。

あの竜は、知識の木に自分の邪悪の毒を注いでその実を味わった人間の本性を破壊したが、主の肉をあえてむさぼり食おうとしたときに、その肉のうちにある神性の力によって破壊されたのである。

神が人となられたという偉大な神秘は、いつまでも神秘としてとどまり続ける。事実、自立存在として本質的に全体が御父と共にあることばが、どのようにして自立存在として本質的に人の肉のうちにおられるのであろうか。また、本性的に全体として神である同じ方が、どのようにして本性的に全体として人となられたのであろうか。その両本性、すなわち神であることの根拠である神的本性と、人間となったときに受けたわたしたちの本性とが、どのように完全に保たれているのであろうか。

これは全く信仰だけが受け入れる神秘である。この信仰こそ、[3]理性と言語を超える事実についての確信なのである。

1ヘブライ13・8　2ローマ8・28参照　3ヘブライ11・1参照

1月5日　週日

第一朗読　コロサイ4・2―18　**すべての人への勧告**

第二朗読

聖アウグスチヌス司教の説教

ことばを眺めることで満ち足りる

キリストのうちに隠され、その肉体の貧しさのうちに秘められた知恵と知識の宝[1]のすべてを、だれが知っているのでしょうか。貧しさのうちにというのは、「主は豊かでありながら、わたしたちのために貧しくなられました。それは、主の貧しさによって、わたしたちが豊かになるため」[2]だったからです。主は死すべき人間性を身に引き受けて死を滅ぼしたとき、貧しさのうちに自らを示されました。しかし、主は富を奪われて失ったのではなく、富を与えようと約束されました。

主の恵みはいかに豊かなことでしょう。主を畏《おそ》れる人のためにそれを蓄え、主に身を寄せる人にお与えになります。[3]

完全なものが来るときまで、今は一部しか知らないのですが、[4]それをいただくことができるように、神の身分である者として、御父と等しい方がしもべの身分になってわたしたちと似た者となり、[5]わたしたちを神に似た者になるようにわたしたちの姿を改めてくださいました。そして、神のひとり子が人の子となって、多くの人の子を神の子とならせてくださいます。目に見えるしもべの身分の姿を示して、しもべたちを養い、神の身分の姿を見ることができる自由な人にしてくださいます。

「わたしたちは、今既に神の子ですが、自分がどのようになるかは、まだ示されていません。しかし、御子が現れるとき、御子に似た者となるということを知っています。なぜなら、そのとき御子をありのままに見るからです。」[6]ところで、あの知恵と知識の宝や、神の富は、わたしたちを満たすものでなくて何でしょうか。主の恵みの豊かさとは、わたしたちを十分に満足させることでなくて何でしょうか。「わたしたちに御父をお示しください。そうすれば満足できます。」[7]

そしてどの詩編であったか、「あなたの栄光が示されて、満ち足りるでしょう」[8]と、わたしたちのうちのだれかが、あるいはわたしたちの心のうちに宿っているだれかが、あるいはわたしたちに代わって語っているだれかが言っています。主・キリストと御父とは一つです。[9]そして、主を見た者は父をも見たのです。[10]したがって、「強く雄々しい主、主こそ栄光の王なのです。[11]」主が、わたしたちを連れ帰り、み顔をわたしたちに示してくださいますように。そうすればわたしたちは救われます。[12]わたしたちは満たされ、満ち足ります。

そのことが実現されるまで、わたしたちを満ち足りるようにさせるものを主が示されるまで、わたしたちがあのいのちの泉を飲んで満ち足りるようになる日まで、[13]それまでの間、信仰によって歩みつつ[14]主から遠く旅人として歩み、その間に義に飢え渇き、[15]神の身分の姿の美しさを、えも言えない熱意をもって求めつつ、主がしもべの身分の姿でお生まれになったことを敬意をもって祝いましょう。

明けの明星よりも前に、御父からお生まれになった方[16]をまだうち眺めることができないでいますから、夜の時間のうちに処女《おとめ》からお生まれになった方をこぞって祝いましょう。「太陽よりも前から存続する主の名」[17]をわかりえないでいる間に、「太陽の日差しの中に置かれた主の住まい」[18]を知るようにしましょう。

御父のうちにとどまられた御ひとり子をまだ眺めていない間に、「天蓋《てんがい》から出る花婿」[19]を思うようにしましょう。まだわたしたちの御父の供宴にあずかる資格がない間に、わたしたちの主イエス・キリストの飼《か》い葉《ば》桶《おけ》を見るようにしましょう。[20]

1 ローマ11・33　コロサイ2・3参照　2 二コリント8・9　3 詩編31・20参照　4 一コリント13・9―10参照　5 フィリピ2・6―7参照　6 一ヨハネ3・2　7 ヨハネ14・8　8 詩編17・15　9 ヨハネ10・30参照　10 同14・9参照　11 詩編24・10　12 同80・4参照　13 同36・10　14 二コリント5・7参照　15 マタイ5・6参照　16 詩編110・3（ヴルガタ）　17 同72・17（ヴルガタ）　18 同19・5（ヴルガタ）　19 同19・6　20 イザヤ1・3参照

1月6日　週日

第一朗読　イザヤ42・1―8　主のしもべの召命

第二朗読

ナジアンズの聖グレゴリオ司教の説教

キリストの洗礼

キリストは光に包まれます。そこで、わたしたちも彼と共に光の照らしをいただきましょう。キリストは洗礼を受けられます。[1]そこで、わたしたちも彼と共に上ってゆくために、彼と共に下ってゆきましょう。

さて、ヨハネが洗礼を授けていました。イエスがそのもとに行かれます。たぶんそれは、イエスがご自分に洗礼を授けてくれる彼をも聖化なさるためだったのでしょう。いずれにせよ、水の中に葬ってしまうために、古いアダムの全体を聖化なさるためだったのです。また、人々を聖化する以前に、人々のためにヨルダン川を聖化なさるためでした。実に、イエスは霊と肉であったのと同様に、霊と水によって人々を完成なさるのです。

洗礼者ヨハネはイエスに洗礼を授けることをはばかりますが、イエスは強く要求されます。「わたしこそ、あなたから洗礼を受けるべきです」[2]と、明かりが太陽に、声がことばに、友が花婿に、女から生まれた者のうちで最も偉大な者が[3]、すべての造られたものに先立って生まれた方に[4]、母の胎内にいておどった者が胎内にいるときから礼拝されていた方に、先がけて先がけられた者が、すでに現れて、後にまた現れる方に言います。「わたしこそ、あなたから洗礼を受けるべきです。」あなたのために、という言葉も言い加えるべきでしょう。なぜなら、ヨハネは殉教という血の洗礼を受けるということを確信していたからです。あるいはペトロのように、足だけでなく、全身が清められるであろうということを知っていたのかもしれません。

イエスは水の中から上がってこられます。世界をご自分と一緒に上の方に引き寄せられます。そしてアダムが、炎の剣によって楽園が閉ざされるようにしたのと同様に[5]、自分と子孫とに閉ざしてしまった天が裂かれて開かれるのを、イエスは見ておられます。

聖霊はご自分と等しい方の上に急いで降《くだ》ることによって、その方の神性を証《あか》しされます。天から声が聞こえます。[6]証しを受けた方が、天から来られた方だからです。聖霊は鳩《はと》のような物体的な形で現れて[7]、イエスの体をも尊びます。この体も神化のゆえに神だからです。はるか昔、洪水の終わりを告げたのは、一羽の鳩でした。[8]

今日、キリストの洗礼をたたえましょう。そしてこの祝祭をふさわしく祝いましょう。

汚れを完全に取り除き、ますます清くなるように努めなさい。人間の回心と救いほど神を喜ばせることはありません。実に、神のすべてのことば、すべての神秘は、人間のためのものです。あなたがたはこの世に輝く星のように、[9]人々を生かす力になりなさい。そうすれば、あなたがたが完全な光として、あの偉大な光であるキリストのそばに立ちながら、三位一体によってより清く、より明るく照らされて、天において光の輝きに浸されるようになるでしょう。唯一の神性から流れるこの光の一つのわずかな光線を、あなたがたはすでに今、わたしたちの主キリスト・イエスにおいて受けているのです。この主に栄光と支配が世々に至るまで。アーメン。

1 マルコ1・9以下参照　2 マタイ3・14　3 同11・11参照　4 コロサイ1・15参照　5 創世記3・24参照　6 マタイ3・17参照　7 ルカ3・22参照　8 創世記8・10参照　9 フィリピ2・15参照

1月7日　週日

第一朗読　イザヤ61・1―11　**喜びの知らせ**

第二朗読

聖アウグスチヌス司教の説教

神が人となられた、人が神とされるために

　最愛なる兄弟の皆さん、永遠にすべてのものの創造主であるわたしたちの主イエス・キリストは、今日御母から生まれて、わたしたちのために救い主となられました。み旨によって、今日わたしたちのために時間のうちに生まれたのは、御父の永遠へとわたしたちを導くためでした。神が人となられました。それは、人が神とされるためでした。人が天使のパンを食べるように[1]、天使たちの主が、今日、人となられました。

　今日、次の預言が成就しました。「天よ、露を滴らせよ。雲よ、義人を注げ。地が開いて、救い主を実らせるように。[2]」つまり、造り主である方が被造物とされたのです。それは、失われていたものが見いだされるためでした。こうして詩編で言うように、人は告白するのです。「卑しめられる前に、私は罪を犯しました。[3]」人は罪を犯して罪びととなりました。神人イエスが生まれたのは、罪びとが解放されるためでした。つまり人は転び、神は降《くだ》り、人はみじめに転び、神はいつくしみ深く降ったのです。人は傲慢《ごうまん》のために転び、神は恵みをもって降ったのです。

　ああ、なんという不思議なことでしょうか。ああ、なんと驚くべきことでしょうか。最愛なる兄弟の皆さん、人間に関する自然の法則が変えられるのです。神が生まれ、処女《おとめ》は男なしに身ごもります。男を知らない処女を神のことばが嫁がせ、こうして同時に母であり処女となります。母となっても傷つくことなく、処女でありながら子を持ちます。胎が永久に閉ざされていますが、子を産まない者ではありません。男に抱かれることなく、肉の欲望なしに、精神の従順によって母が産んだその方のみ、原罪なしに生まれた方なのです。

1 詩編78・25（ヴルガタ）　2 イザヤ45・8（ヴルガタ）　3 詩編119・67

降誕節（主の公現後）

主の公現

1月2日から8日の間の主日

祭日

第一朗読　イザヤ60・1―22

エルサレムに対する主の栄光の到来

第二朗読

聖レオ一世教皇の説教

主はその救いを全世界に示された

神は摂理によって、そのあわれみにふさわしい配慮から、滅びに向かう世を終わりの時にあたって救おうとして、キリストにおいてすべての民が救われることを前もって決定されました。

昔、聖なる太祖アブラハムに数えきれない子孫が約束されたのは、これらの民のことです。その子孫は、血筋によってではなく信仰によって生まれるものです。それが数多い星に比べられたのは、すべての民の父アブラハムに、地上的な子孫ではなく天上的な子孫を希望させるためでした。[1]

したがって、諸々《もろもろ》の民が太祖たちの家族にぜひとも入りますように。約束によって生まれる子らが、血筋のうえでの子らが捨てたアブラハムの子孫に約束された祝福を受けますように。[2] 三人の占星術の学者によって代表されたすべての民が、万物の創造主を礼拝しますように。そして、ユダヤだけでなく全世界が神を知り、至るところで「イスラエルに、み名の大いなることが示されますように。[3]」

したがって親愛なる皆さん、神の恩恵の神秘に教えられたわたしたちは、条理にかなった喜びをもって、わたしたちの初穂の日を祝い、すべての民が召されたことの始まりを祝い、あわれみ深い神に感謝をささげましょう。それは、使徒パウロが言っているとおり、この神が、「光の中にある聖なる者たちの相続分に、わたしたちがあずかれるようにしてくださり、わたしたちを闇の力から救い出して、その愛する御子の支配下に移してくださった」[4]からです。預言者イザヤも「闇の中に座していた諸国の民は、大いなる光を見た。死の陰の地に住む者の上に、光が輝いた」[5]と言っています。イザヤはさらに、その諸国の民について主に次のように語っています。「あなたを知らなかった民はあなたに呼びかけるでしょう。あなたを知らなかった諸民族は、あなたのもとに馳《は》せ参じるでしょう。[6]」

アブラハムはこの「日を見るのを楽しみにしていた[7]」のです。すなわち彼は、自分の子孫の一人であるキリストのうちに、自分の信仰の子らが祝福を受けることを認めて、自分がすべての国民の父となるということを信仰をもって予見し、[8]「神を賛美し、神は約束したことを実現させる力も、お持ちの方だと、確信していたのです。[9]」

この日のことをダビデは、「主よ、あなたが造られたすべての民は、あなたの前に進み出て伏し拝み、み名を尊ぶでしょう[10]」と詩編の中で歌い、さらに、「主は救いを示し、その義を民の目に現された[11]」と、他の詩編で言っています。

わたしたちは、一つの星が遠い国から三人の占星術の学者たちを呼び、天地の王を認め、拝むように導いたときから、それらのことが実現しはじめたことを知っています。この星は、自分の果たした奉仕に倣って、すべての人をキリストのもとに招く恩恵にできる限り協力して奉仕するように、わたしたちを励ましています。

親愛なる皆さん、あなたがたは皆このことに力を入れて、互いに助け合うように努めなければなりません。そうすれば、あなたがたは正しい信仰と行いによって到達できる神の国で、光の子らとして輝くようになります。神なる御父と聖霊と共に、世々に生き、かつ治めておられるわたしたちの主イエス・キリストによって。アーメン。

[1]創世記26・4参照　[2]同22・18　ローマ9・8参照　[3]詩編76・2　[4]コロサイ1・12―13　[5]イザヤ9・1　[6]同55・5　[7]ヨハネ8・56　[8]ローマ4・18参照　[9]同4・20―21　[10]詩編86・9　[11]同98・2

公現後の降誕節月曜日

第一朗読　イザヤ61・1―11

喜びの知らせ

第二朗読

聖ペトロ・クリソロゴ司教の説教

わたしたちのために生まれることを望まれた方は、わたしたちによって知られないままでいることを望まれなかった

主の受肉の秘義のうちに、神性の明らかなしるしが常にありましたが、今日祝う主の公現は、幾重にも神が人の体を訪れたことを表しています。それは、常に知恵に暗い死すべき人間が、恵みによって得ることのできたこれほど偉大なものを、無知のために失ってはならないからです。

わたしたちのために生まれることを望まれた方

は、わたしたちによって知られないままでいることを望まれなかったのです。ですから、神のいつくしみのこの偉大な秘義が、大きな誤りの機会とならないように、ご自分を現してくださいます。

今日、天に輝く方を求めていた占星術の学者たちは、その方を飼《か》い葉桶《ばおけ》の中に見いだしたのです。今日、彼らは長い間隠されていた方を、布にくるまれた者として明らかに見いだして、驚きました。

今日、占星術の学者はそこで見たこと、すなわち地上に天を、天上に地を、神のうちに人を、人のうちに神を、そして全世界をもってしても包み込むことのできない方が、この小さな体となられたことを深い驚きをもって思いめぐらしたのです。

そして、彼らは理屈をこねず、見てすぐに信じ、神秘的な贈り物をささげて信仰を表し、乳香をもって神を、黄金をもって王を、没薬《もつやく》をもって死すべき方を認めます。こうして後の者であった異邦人が、先の者となったのです。[1] 占星術の学者たちの信仰から、異邦人たちの信仰が始まったからです。

今日、世の罪を洗うためにキリストはヨルダン川に下りました。キリストがそのために来られたことをヨハネは証言して言うのです。「見よ、世の罪を取り除く神の小羊だ。」[2] 今日、しもべが主を、人間が神を、ヨハネがキリストを捕らえています。しかし、ゆるすためではなく、ゆるされるために彼を捕らえているのです。

今日、預言者の言ったとおり、「主の声が水の上に響くのです。」[3] どのような声でしょうか。「これはわたしの愛する子、わたしの心に適《かな》う者」[4] という声です。

今日、聖霊は鳩《はと》の姿をもって水の上に現れたのです。鳩がノアに世界の洪水の終わりを告げたように、この鳩のしるしによって、世界の難破の終わりが知らされたのです。前の鳩が古いオリーブの枝を持ってきたのと違って、この鳩は新しい人祖になるキリストの頭の上に、香油をいっぱいに注いだのです。こうして預言者の言葉が実現されたのです。「神、あなたの神は、あなたの伴侶《はんりょ》たちにまさって、あなたに喜びの油を注がれました。」[5]今日、キリストは水をぶどう酒に変えることによって、天からのしるしを始められます。[6]しかし、後に水は血の神秘に変えられることになります。つまりキリストは、自分の体という器から杯に入れた純粋の飲み物を人に授けるのです。こうして、「人を酔わせるあなたの杯はすばらしい」[7]という預言が成就されたのです。

[1] マタイ19・30参照　[2] ヨハネ1・29　[3] 詩編29・3　[4] マタイ3・17　[5] 詩編45・8　[6] ヨハネ2・1—11参照　[7] 詩編23・5（ヴルガタ）

公現後の降誕節火曜日

第一朗読　イザヤ62・1—12　シオンの救いの到来

第二朗読

聖ヒッポリト司祭のものと伝えられる公現についての説教

水と聖霊

イエスはヨハネのもとに来て、ヨルダン川でヨハネから洗礼を受けられました。なんと驚嘆すべき出来事でしょう。神の都に喜びを与え、[1]尽きることのない大河が、どうしてわずかな水で洗われるのでしょう。すべての人の生命を生じさせる泉、汲《く》み尽くすことのできない泉が、はかない移ろいゆく水によって覆われたのです。

あらゆるところに存在され、天使らにもつかむことができず、人々には見ることのできない方が、ご自分の望みのままに洗礼を受けに来られます。「そのとき、天がイエスに向かって開き、『これはわたしの愛する子、わたしの心に適《かな》う者』という声が聞こえました。[2]」

愛する方が愛を、非物質的な光が近づきえない光を生じます。これはヨセフの子と呼ばれる者であり、神の本質によればわたしのひとり子です。「これはわたしの愛する子。」彼は飢えますが、無数の者を養い、労苦しますが、労苦する者たちを休ませます。枕《まくら》するところもありませんが[3]、すべてを手ずから担われます。苦難に耐えますが、苦難から立ち直らせます。鞭《むち》打たれますが、世に自由を与えられます。わき腹を刺し貫かれますが、アダムのわき腹の傷を治します。

どうぞお願いします。細心の注意を払い、わたしの言葉に精神を集中してください。わたしはいのちの泉に駆け戻り、いやしをわき上がらせる泉を見つめたいと思います。

不死の父が不死なる子、ことばを世に遣わされました。御子は水と聖霊によって洗うために[4]、人間のもとに来られました。人の魂と体を朽ちないものへと再生させて、わたしたちにいのちの霊を吹き込み、朽ちない武具でわたしたちを武装させてくださいます。

ですから、人間が不死のものとされたのであれば、人間は神ともなるでしょう。水と聖霊を通して、洗礼の再生の後に神となるのであれば、死者のうちからの復活の後、キリストと共に相続する者と認められるでしょう。[5]

このためわたしは宣言します。すべての民よ、洗礼のもたらす不死を得に来なさい。これは聖霊と交わりをもつ水であり、この水によって楽園は潤され、この水によって大地は肥沃《ひよく》にされ、この水によって草木は成長し、この水によって生き物は繁殖してゆきます。すべてを一言で言えば、この水によって再生された人間は生けるものとされます。キリストもこの水によって洗礼を受けられました。この水の上に聖霊も鳩《はと》の形で降《くだ》られました。

実に、信仰をもってこの再生の洗いに沈む人は、[6]悪魔を拒み、キリストに自らをゆだねます。その人は敵なる悪魔を拒み、キリストを神であると告白します。その人は奴隷の状態を脱ぎ、養子の身分をまといます。その人は義の光を放ち、太陽のように輝くものとして洗礼の水から上がります。[7]そして、最も大いなることですが、その人は神の子、およびキリストと共に相続するものとして水から上がるのです。

いとも聖、善にして生かすキリストの霊と共に、キリストに栄光と力が今もいつも世々にありますように。アーメン。

1 詩編46・5参照　2 マタイ3・17　3 同8・20参照　4 ヨハネ1・33、3・5参照　5 ローマ8・17　6 テトス3・5参照　7 マタイ13・43参照

公現後の降誕節水曜日

第一朗読　イザヤ63・7—19　**主のいつくしみの追憶**

第二朗読

コンスタンチノープルの聖プロクロ司教の説教

水の聖化

キリストが世に現れました。そして秩序のない世を整え、明るい喜びをもたらされたのです。世の罪を身に受けて、世の敵を粉砕されたのです。水の源を聖化し、人々を照らされたのです。奇跡にさらに大きな奇跡を加えられました。

すなわち、今日、地と海とが救い主の恵みを分け与えられて、全世界が喜びに満たされたのです。今日の祝日は、先立った祝日〔である降誕祭〕よりもいっそう大きな奇跡を示しています。

なぜなら、前の祝日では、大地は万物の主を飼《か》い葉《ば》桶《おけ》に受けて救い主の誕生を喜びましたが、今日、神の公現の祝日に海は非常に喜びました。喜んだのはヨルダン川を通して、聖化の祝福にあずかったからです。

前の祝日は、わたしたちの不完全さを表す未熟なみどり子をわたしたちに示しましたが、今日の祝日では、キリストは完全な御父からの完全な御子であることを暗に示され、成熟した大人として見られます。前の祝日では王が肉体の緋《ひ》色《いろ》の衣を身につけたことが祝われましたが、今日の祝日では、泉が川を覆っていることが祝われます。

さあ、だから信じがたい不思議を見なさい。ヨルダン川で身を清められる正義の太陽を、水に沈められる火を、人によって聖化される神を。

今日、全被造物は賛美を歌っています。「祝福あれ、主の名によって来られる方に。[1]」「祝福あれ、あらゆる時に来られる方に。なぜなら、今初めて来られたのではないからです。

この方はだれでしょうか。聖なるダビデよ、はっきりと言ってください。「神なる主、わたしたちを照らす方です。[2]」預言者ダビデが言うばかりでなく、使徒パウロも新たにそれを証《あか》ししています。「すべての人に救いをもたらす神の恵みが現れました。これはわたしたちを教えるものです。[3]」ある人々ではなく、すべての人です。神はすべての人、すなわちユダヤ人にもギリシャ人にも、洗礼によって救いを恵まれるのです。神はすべての人に共通の恵みとして洗礼を与えるのです。

さあ、ノアの時代の洪水よりも好ましく、優れた洪水を見なさい。昔の洪水の水は人類を殺しましたが、ここでは洗礼の水が、洗礼を受けられたキリストの力によって死者を生き返らせたのです。昔、オリーブの枝を持ってきた鳩《はと》は、主・キリストの香りを示していたのですが、[4]ここでは聖霊が鳩の形で降《くだ》って、あわれみ深い主を示すのです。

1 マタイ21・9　2 詩編118・27（七十人訳）
3 テトス2・11－12　4 創世記8・11参照　二コリント2・15

公現後の降誕節木曜日

第一朗読　イザヤ63・19b～64・11 **神の到来を願う民**

第二朗読

アレキサンドリアの聖チリロ司教の『ヨハネ福音書注解』

すべての人に聖霊を注がれる

万物の造り主は非常にすばらしく、キリストを頭《かしら》として万物を一つに結び[1]、人間の本性を初めの状態に戻そうとしたとき、他の賜物《たまもの》と共に聖霊を再び与えることを約束された。それ以外には、人が安全なよい状態に戻ることができないからである。

それゆえ神は、聖霊がわたしたちに降《くだ》る時をお定めになった。それはキリストの到来の時である。そして神は、「その日」、すなわち救い主の日、「わたしはすべての人にわが霊を注ぐ[2]」という約束のことばを語られた。

神のこの寛大さの時が来て、肉体を備えられた御ひとり子、すなわち聖書が言うように女より生まれた人間が世に導き入れられたとき[3]、父なる神は再び聖霊をお与えになり、キリストは新しい人間性の初穂として、最初にこの聖霊をお受けになった。洗礼者ヨハネはこのことを次のように証《あか》ししている。「わたしは、霊が天から降って、この方の上にとどまるのを見た[4]。」

キリストは人となられたものとして、人にふさわしいしかたで霊を受けたと言われている。彼は父なる神の子として存在し、人となる前に、いや、むしろあらゆる時の始まる前に、御父の本質から生まれた方である。にもかかわらず、キリストは人となられた後に、「お前はわたしの子。今日、わたしはお前を生んだ[5]」という父なる神の声を聞くことを拒まなかった。

時の始まる前に、ご自分から生まれた神である方が今日生まれた、と御父が言われたのは、わたしたちを御子において神の子として受け入れるためであった。それは、キリストが人間として、人間性の全体を受けとられたからである。さて、これと同様に、御子が聖霊を自分のものとしてもっておられるのに、御父はわたしたちがキリストにおいて霊を受けるために、その霊を新たにキリストにお与えになると言われている。このため、聖書にあるとおり、キリストはアブラハムの子孫を受けとり、すべての点でその兄弟たちと同じようになられたのである。[6]

したがって、御ひとり子は聖霊を自分自身のために受けるのではない。前に述べたように、聖霊が御子のものであり、御子のうちに存在し、御子によって存在するからである。結局、御子が聖霊を新たに受けたのは、人となって人間性に元の姿を回復させたその人間性を正すために、ご自身のうちに人間性の全体を有していたからである。正しく理性的に考え、聖書の言葉に頼って見てゆくならば、キリストがご自身のために聖霊を受けたのではなく、むしろご自身のうちに聖霊を受けられたということがはっきりわかる。なぜなら、すべてのよいものは、彼によってわたしたちのところに流れて来るからである。

1エフェソ1・10参照　2ヨエル3・1　3ガラテヤ4・4参照　4ヨハネ1・32　5詩編2・7　6ヘブライ2・16—17参照

公現後の降誕節金曜日

第一朗読　イザヤ65・13―25　**新しい天と地**

第二朗読

トリノの聖マクシモ司教の説教　**主の洗礼の諸秘義**

　主は洗礼を受けるためにヨルダン川に来られ、そこで天的な諸秘義による聖別を受けるのを望まれたことが、福音書に記されています。

　主の生涯において何年か後に行われた出来事でありますが、主の誕生の日に続いてこの同じ時期に主の洗礼の祝いがなされるのは当を得たことです。わたしはこの祝いも、誕生の祝日と呼ばれてしかるべきものと考えます。

　降誕のとき、主は人々のために生まれましたが、今日は諸秘義によって再びお生まれになったのです。降誕のとき、主は処女《おとめ》から生まれましたが、今日は秘義を通してお生まれになったのです。降誕の際、主が人間として生まれたとき、母マリアは彼を胸に抱きましたが、主が秘義を通して生まれるとき、父なる神は彼をその声で覆われます。「これはわたしの子、わたしの心に適《かな》う者。これに聞け」[1]と言うのです。母はその柔らかい胸で子をあやし、父は証《あか》しを立てて子を支えます。母は彼をあがめるように占星術の学者たちに示し、父は崇敬を受けるように民に彼を現します。

　さて、主イエスは、今日洗礼を受けるために来られ、聖なる体が水で洗われることを望まれました。

　「聖なる方は、なぜ洗礼を受けることを望んだのか」と言う人もありましょう。耳を傾けてください。キリストが洗礼を受けたのは、水で聖化されるためではなく、水を聖化し、洗われることによってご自分が触れた川の水を清めるためでした。それは、キリストの聖化は、水という物質を根本的に聖化するからです。

救い主が洗われたとき、すでにわたしたちの洗礼のためにすべての水が浄化されました。こうして、後に来る民に洗礼の恵みがもたらされるために、泉が清められたのです。キリストは先に洗礼を受けられました。それは、キリスト者の民が安心して彼の後に続くためでした。

わたしはここに秘義を読み取ります。イスラエルの子らが恐れずに旅を続けるために、火の柱が先導し、彼らは紅海を渡りました。[2]すなわち、火の柱は水の中を先に歩を進めることで、後続者の歩む道を準備したのです。使徒パウロの言葉にあるように、この出来事は洗礼の秘義でした。それは明らかにある種の洗礼であって、雲は人を覆い、波は人を運びました。[3]

しかし、これらすべてのことを行われたのは、今でも働いている同じ主・キリストなのです。まさにこの主が、当時、火の柱のうちにあって海の中でイスラエルの子らを先導されたように、今はご自分の体という柱をもって洗礼を先に受けることによって、キリスト者の民を先導しておられます。キリストは柱であって、当時は後に従った者の目に光を示されましたが、今は信じる者の心に光を供しておられます。当時は海の波間に道を固めましたが、今は信仰の洗礼によって信仰の歩みを堅固なものにしてくださるのです。

1 マタイ3・17、17・5　2 出エジプト13・21参照　3 一コリント10・1参照

公現後の降誕節土曜日

第一朗読　イザヤ66・10―14、18―23

終わりの日の世の救い

第二朗読　リエのファウスト司教の説教

キリストと教会の婚礼

「三日目に婚礼があった。[1]」この婚礼は、あるいは三位一体への信仰告白をもって、あるいは三日目に起こった復活への信仰をもって、三という象徴的な数字を含む三日目に祝われる、人類の救いという喜ばしい結婚の契りにほかなりません。

そのためにこそ福音書の他の箇所でも、次男の帰還、すなわち異邦の民の回心が、歌と音楽と礼服で祝われるのです。[2]

さて、主は異邦人から集められる教会に受肉によって結ばれるために、「花婿が天蓋《てんがい》から出るように[3]」地へと降《くだ》って来られました。主はその教会に、前金《まえきん》と持参金とをお与えになりました。前金は、神が人間に結ばれたときにお与えになり、持参金は、人類の救いのためにいけにえとなられたときにお与えになりました。前金は、現在の贖《あがな》いのことであり、持参金は永遠のいのちのことです。

さて、カナの婚宴で行われたことは、それを見た人々にとっては奇跡であり、それを理解する人々にとっては神秘です。よく見ると、その婚宴で水に起こったことによって、比喩《ひゆ》的に洗礼による再生が示されています。そこで、あるものがほかのものになり、劣った被造物がいっそう優れたものにひそかに変えられるときに、洗礼のときの再生を神秘的に表す出来事が実現します。カナの婚宴で、水がその場で変えられました。それは、将来人間たちが変えられるであろうということを示すためでした。

ガリラヤでのキリストの働きにより、ぶどう酒が作られます。すなわち、律法が退いて恩恵がその後に続きます。影が取り除かれ、真理がもたらされます。肉的なものが霊的なものに結び合わされます。古い掟《おきて》が新しい契約へと移されます。「古いものは過ぎ去り、新しいものが生じた」[4]と使徒が言っているとおりです。瓶《かめ》に入れられていた水が[5]、その存在を少しも失わずにそれまでなかったものになりはじめたのですが、それと同様に、律法はキリストの到来によって消し去られたのではなく、表され、進歩したのです。

したがって、ぶどう酒がなくなってから他のぶどう酒が出されます。旧約のぶどう酒はよいものですが、新約のぶどう酒はもっとよいものです。[6]ユダヤ人が守っている旧約は、文字どおり守られるものとして、むなしいものになっていますが、わたしたちのものである新約は、恵みによっていのちを味わわせます。

「隣人を愛し、敵を憎め」[7]という律法の掟は、よいぶどう酒、すなわちよい掟です。しかし、「わたしはあなたがたに言っておく。敵を愛し、あなたがたを憎む者に親切にしなさい」[8]という福音は、もっとよく、もっと強いぶどう酒です。

1 ヨハネ2・1　2 ルカ15・22—25参照　3 詩編19・6　4 二コリント5・17　5 ヨハネ2・6—7参照　6 同2・3、10参照　7 マタイ5・43　8 ルカ6・27

主の洗礼　主の公現後の主日　祝日

「主の公現」が1月7日、または8日にあたる年は、
その翌日に「主の洗礼」を祝う。

第一朗読　イザヤ42・1—9、49・1—9

主のしもべの召命と使命

第二朗読

ナジアンズの聖グレゴリオ司教の説教

キリストの洗礼

キリストは光に包まれます。そこで、わたしたちも彼と共に光の照らしをいただきましょう。キリストは洗礼を受けられます。[1] そこで、わたしたちも彼と共に上ってゆくために、彼と共に下ってゆきましょう。

さて、ヨハネが洗礼を授けていました。イエスがそのもとに行かれます。たぶんそれは、イエスがご自分に洗礼を授けてくれる彼をも聖化なさるためだったのでしょう。いずれにせよ、水の中に葬ってしまうために、古いアダムの全体を聖化なさるためだったのです。また、人々を聖化する以前に、人々のためにヨルダン川を聖化なさるためでした。実に、イエスは霊と肉であったのと同様に、霊と水によって人々を完成なさるのです。

洗礼者ヨハネはイエスに洗礼を授けることをはばかりますが、イエスは強く要求されます。「わたしこそ、あなたから洗礼を受けるべきです[2]」と、明かりが太陽に、声がことばに、友が花婿に、女から生まれた者のうちで最も偉大な者が[3]、すべての造られたものに先立って生まれた方に[4]、母の胎内においておどった者が胎内にいるときから礼拝されていた方に、先がけて先がけられた者が、すでに現れて、後にまた現れる方に言います。「わたしこそ、あなたから洗礼を受けるべきです。」あなたのために、という言葉も言い加えるべきでしょう。

なぜなら、ヨハネは殉教という血の洗礼を受けるということを確信していたからです。あるいはペトロのように、足だけでなく、全身が清められるであろうということを知っていたのかもしれません。

イエスは水の中から上がってこられます。世界をご自分と一緒に上の方に引き寄せられます。そしてアダムが、炎の剣によって楽園が閉ざされるようにしたのと同様に、[5]自分と子孫とに閉ざしてしまった天が裂かれて開かれるのを、イエスは見ておられます。

聖霊はご自分と等しい方の上に急いで降《くだ》ることによって、その方の神性を証《あか》しされます。天から声が聞こえます。[6]証しを受けた方が、天から来られた方だからです。聖霊は鳩《はと》のような物体的な形で現れて、[7]イエスの体をも尊びます。この体も神化のゆえに神だからです。はるか昔、洪水の終わりを告げたのは、一羽の鳩でした。[8]

今日、キリストの洗礼をたたえましょう。そしてこの祝祭をふさわしく祝いましょう。汚れを完全に取り除き、ますます清くなるように努めなさい。人間の回心と救いほど神を喜ばせることはありません。実に、神のすべてのことば、すべての神秘は、人間のためのものです。あなたがたはこの世に輝く星のように、[9]人々を生かす力になりなさい。そうすれば、あなたがたが完全な光として、あの偉大な光であるキリストのそばに立ちながら、三位一体によってより清く、より明るく照らされて、天において光の輝きに浸されるようになるでしょう。唯一の神性から流れるこの光の一つのわずかな光線を、あなたがたはすでに今、わたしたちの主キリスト・イエスにおいて受けているのです。この主に栄光と支配が世々に至るまで。アーメン。

1 マルコ1・9以下参照　2 マタイ3・14

3 同11・11参照　4 コロサイ1・15参照　5 創世記3・24参照　6 マタイ3・17参照　7 ルカ3・22参照　8 創世記8・10参照　9 フィリピ2・15参照

祝日固有

11月30日　　祝日

聖アンデレ使徒

ガリラヤのベトサイダの出身。初め洗礼者ヨハネの弟子であったが、後にキリストに従い、ペトロをキリストのもとに連れて行った(ヨハネ1・40—42)。イエスにお目にかかりたいと申し出たギリシャ人の願いを、フィリポと共にイエスに取り次ぎ(同12・22)、また、イエスが五千人に食べ物を与えた奇跡の前には、わずかなパンと魚を持っている少年がそこにいることをイエスに告げた(同6・8—9)。聖霊降臨の後、多くの地方に福音を宣教し、ギリシャ南部のアカイアで十字架につけられたと伝えられている。

第一朗読　一コリント1・18〜2・5

キリストの十字架を宣べ伝える

第二朗読

聖ヨハネ・クリゾストモ司教の『ヨハネ福音書講話』

わたしたちはメシアに出会った

アンデレはイエスのもとにとどまり、多くのことを学びましたが[1]、宝を自分のために隠すことなく、自分で得た宝を分け与えるために、急いで自分の兄弟のもとに走って行きます。彼がその兄弟に何と言っているか注目してください。「わたしたちはメシア、訳して言えば『油注がれた者』に出会った[2]」と言うのです。ごく短い間に偉大なことを学んだということが、どのようにしてここに示されているかわかりますか。実に、彼らを確信させた師の力も示されていますし、初めからそのことに専心していた彼ら自身の熱意も示されます。この言葉は、この方の到来を待ちこがれ、上からの到来を待望していた人の言葉であり、しかも待望していた方の出現に浴して喜び、それほど偉大な知らせを分かち与えるために、他の人々のもとに急ぐ人の言葉です。霊的な面で成長するために互いに手を差し伸べて熱心に助け合うこと、兄弟間の愛、同胞間の親交、純粋な真心の業《わざ》でした。

そもそも初めから、ペトロは従順で柔軟な精神を持っていたことに注目してください。実に、何のためらいもなしに、直ちに駆けつけているのです。「アンデレは彼をイエスのところに連れて行った[3]」と述べられています。たいして吟味もせずにアンデレの言葉を受け入れたからといって、ペトロの柔軟性をだれも非難してはなりません。おそらく兄弟アンデレは、非常に詳細に、長々とペトロに語ったのでしょう。ところが、福音記者たちは簡潔に述べるのを旨としているので、多くのことを省いているのです。いずれにしても福音記者は、ペトロが直ちに信じたとは言わず、「アンデレは彼をイエスのところに連れて行った」と言っています。それは、イエスからすべてを学ぶよう、ペトロをイエスにゆだねるためです。また、そこにはもう一人の弟子も居合わせましたが、彼もそれに加わっています。

さて洗礼者ヨハネは、「小羊だ[4]」、「聖霊によって洗礼を授ける人である[5]」と言ったとき、このことについてのより明確な教えを、キリストご自身から説明していただくようにゆだねたのです。ましてや、アンデレはなおさらそうしたのです。彼自身、完全に説明できるとは思っていなかったからです。彼は一瞬たりとも躊躇《ちゅうちょ》したり、引き延ばしたりすることがなかったほどに、喜び勇んで兄弟ペトロを光の源そのものに導いたのです。

1 ヨハネ1・39参照　2 同1・41　3 同1・42
4 同1・29　5 同1・33

12月3日　祝日

日本宣教の保護者聖フランシスコ・ザビエル司祭

一五〇六年、スペインで生まれる。パリ大学で勉強したときロヨラの聖イグナチオと出会い、最初のイエズス会員たちの一人となる。一五三七年にベネチアで司祭に叙階され、慈善行為に献身。一五四一年に東洋を目指して旅立ち、インド、日本などで十年間、福音宣教に専念し、多くの人をキリスト教信仰に導いた。一五五二年、中国の上川島で死去。

第一朗読　一テモテ5・17―22、6・10―14

神の人の信仰の戦い

第二朗読

聖フランシスコ・ザビエル司祭の聖イグナチオへの手紙

福音を宣べ伝えずにはいられない

キリスト教の信仰を受け入れてもう八年になる信者の村に来ました。ここはひどい不毛の地であり、貧しい地方なので、ポルトガル人はだれも住んでいません。この地の信者は、司祭から置き去りにされ、自分たちが信者であること以外は何も知らない状態です。ミサを司式し、秘跡を授ける人もなく、使徒信条や主の祈り、天使祝詞、神の掟《おきて》を教える人もだれもいません。

　そのために、わたしはここに来て、村々を一つひとつ訪ね、まだ洗礼を受けていない子どもたちに、まず洗礼を授けに回りました。こうして、右も左もわきまえないと言われるような子どもたちに、救いの手を差し伸べることができました。子どもたちは「祈りを教えてください」と熱心に求めるので、わたしは聖務日課の務めを果たすことも、食事をすることも、休みをとることもできなくなるほどです。「天の国はこのような者たちのものである」[1]ということが、初めてわかったような気がします。

このような敬虔《けいけん》な願いを、むげに断ることはできませんので、父と子と聖霊の信仰告白から始めて、使徒信条、主の祈りと天使祝詞をこの子どもたちに教えました。わたしは、彼らのうちに優れた才能のある者がいることに気づきました。キリストの教えによって教育されれば、彼らはすばらしいキリスト者になるであろうと確信しています。

彼らをキリストの弟子にするという聖なる奉仕をする人がいないため、この地方には多くの人がキリスト者になれずに放置されています。わたしは、ヨーロッパの大学へ、特にパリの大学へ、正気をなくした人のように声を張り上げて乗り込んで行こうかという衝動にたびたび駆られます。救いの業《わざ》の実現のために奉仕しようとするのではなく、ただの学問の研究にのみ終始しているソルボンヌの大学院生に、彼らの怠惰によって、どれほど多くの人々が天の栄光から除外され、地獄に落ちていくかをとくと語って聞かせたいものです。

神が学問の研究者に求めている人類の救いについての責任と、自分が信仰者として神から与えられている才能を真剣に考えるなら、彼らの多くは心を動かすようになるでしょう。

そして、心の中で神の望みを知り、それに耳を傾け、感じとることができるように、霊操やその他の手段によって、自分の思いを神の意志に合わせようとして祈るでしょう。「主よ、わたしはここにおります。わたしが何をすることをお望みですか。[2]お望みの所へわたしを送ってください。役に立てば、インド人の所にでも。」

1 マタイ19・14　2 使徒言行録9・6（ヴルガタ）

12月4日　任意

聖ヨハネ（ダマスコ）司祭教会博士

七世紀後半に、シリアのダマスコのキリスト信者の家庭に生まれる。哲学を学んでから、エルサレム近郊の聖サバ修道院に入り、司祭になる。多くの神学書を書き、特に聖画像破壊主義者たちの説を力強く論駁した。八世紀半ばに死去。

第一朗読　当週当曜日（または祝日共通）

第二朗読

ダマスコの聖ヨハネ司祭の『信仰の解明』

主よ、あなたはあなたの子らに奉仕するように、わたしを召されました

主よ、あなたは父の腰からわたしを引き出し、母の胎内でわたしを形造られました。あなたはわたしを裸の赤子《あかご》として、日のもとに生を与えられました。わたしたちの本性の定めは、絶えずあなたの指図に従うものだからです。

また、男の欲によってではなく、肉の欲によってではなく、名状しがたいあなたの恵みによって行われる聖霊の祝福を通して、[1]あなたはわたしを創造し、存在させることをはかられました。あなたは、わたしたちの本性の法則を凌駕《りょうが》するはからいをもって、わたしの誕生をはからい、わたしを子としてこの日のもとに生を与え、あなたの聖なる汚れのない教会の子らの一人に加えてくださいました。[2]

あなたはわたしを霊的乳で養ってくださいました。この乳とは、あなたの神聖なことばのことです。あなたはわたしを、あなたのいとも清きひとり子、わたしたちの神、イエス・キリストの体という確かな食物で養ってくださり、全世界の救いのために流されたその血、いのちを与える血の満ちた神聖な杯で酔わせてくださいました。

主よ、あなたはわたしたちを愛してくださったのです。わたしたちの贖《あがな》いのために、あなたの最愛のひとり子である御子を立ててくださいました。御子は、不承不承《ふしょうぶしょう》にではなく、進んで人となることを引き受けてくださいました。それだけでなく、御子は、汚れを知らぬ小羊のように犠牲となるよう定められ、自分でこの役割を引き受けられました。実に、主は神であられたのに人となられ、ご自分の人間としての意志によって従い、その父であられる神であるあなたに、「死に至るまで、それも十字架の死に至るまで」[3]従順でした。

わたしの神、キリストよ、あなたはこのようにへりくだってくださいました。それは迷える羊であるわたしをあなたの肩に負い、[4]緑の牧場でわたしを養い、[5]あなたの牧者たちの手を通して正しい教えという水で養うためです。あなたは、ご自分の牧者たちを養われました。そして、彼らはあなたの選ばれた、選《え》り抜《ぬ》きの羊の群れを養ったのです。

主よ、今、あなたの司教の手を通して、あなたの子らに奉仕するように、あなたはわたしを召されました。いかなる摂理のもとにあなたがそうされたのか、わたしにはわかりません。それはあなただけが知っておられることです。

しかし、主よ、無残にもわたしが犯した数々の罪の重荷を軽くしてください。わたしの精神と心を清めてください。光り輝く灯《とも》し火のように、まっすぐな道を進むよう導いてください。

わたしの口を開いて、語るべき言葉を与えてください。あなたの聖霊の炎のような舌によって、流暢《りゅうちょう》で明晰《めいせき》に語ることができるようにしてください。そして、いつもあなたの現存を感じることができますように。

主よ、わたしを養ってください。そして、あなたの羊の群れをわたしと一緒に養ってください。わたしの心が右にも左にもそれることなく、あなたのすばらしい聖霊がまっすぐな道へと向かわせてくださり、わたしの行いがあなたのみ旨に沿うものであり、それを最後まで全うすることができますように。

いとも清く、気高さの極み、いとも秀でた集会なる教会よ、あなたには神の援助が保証されています。あなたのうちに神が憩っておられます。わたしたちの父祖から正しく伝えられ、誤りを免れた信仰の教えをわたしたちから受けてください。この信仰の教えによって教会は力あるものとされるのです。

1 ヨハネ1・13参照　2 エフェソ5・27参照　3 フィリピ2・8　4 ルカ15・5参照　5 詩編23・2参照

12月6日　　任意
聖ニコラオ司教

リュキア（現在のトルコ）のミュラの司教。四世紀半ばに死去。彼に対する崇敬は、特に十世紀から全教会に広まった。

第一朗読　当週当曜日（または祝日共通）

第二朗読

聖アウグスチヌス司教の『ヨハネ福音書講話』

愛の力によって死の苦しみに打ち勝たなければならない

主はまず先に、ご自分がすでに知っておられたこと、すなわち、ペトロが主を愛しているかどうかということを、一度だけでなく二度も三度も尋ねられました。そのたびに、ペトロはただ主を愛

していると しか答えず、またそのたびに、主は、羊を飼うようにということだけをペトロに命じられました。[1]

こうして、三度の否みを償うために、三度の愛の告白が行われました。それは、恐怖から発せられたのと同数の言葉が、愛から発せられるようにするためであり、死の危険を恐れて述べられた言葉が、いのちが共にいる体験から述べられた言葉よりも多くならないためでした。羊飼いを否むことは恐れのしるしでありましたが、主の羊を飼うことは愛の務めとしてペトロにゆだねられました。

キリストの羊を、キリストのものではなく、自分のものとみなして飼う人は、キリストではなく自分を愛することを示しています。

「イエス・キリストのことではなく、自分のことを追い求めている」[2]と使徒パウロが嘆いている人々に対してこそ、キリストはあのことばを繰り返し述べて警告を与えておられるのです。

実に、「わたしを愛しているか。わたしの羊を飼いなさい」[3]と言われていることは、ほかでもない次のことを意味します。もしわたしを愛しているならば、自分自身を養うということを考えず、わたしの羊を、お前の羊としてではなく、わたしの羊として飼いなさい。羊たちからお前が栄光を受けることではなく、わたしが栄光を受けることを求めなさい。お前の支配権ではなく、わたしの支配権を、お前の利益ではなく、わたしの利益を求めなさい。自分自身を愛し、この諸悪の根源から生じるさまざまな悪徳に染まった、あの困難な時期の人々の一人とならないようにしなさい、[4]という意味なのです。

したがって、キリストの羊を飼う人は、自分自身を愛する者であってはなりません。それは、羊を自分のものとしてではなく、キリストのものとして飼うためです。

キリストの羊を飼う人々は、自己愛という悪徳を最も警戒しなければなりません。それは、イエス・キリストのことではなく、自分のことを追い求めるということが起こらないためであり、また、キリストの血が流されることによって救われた人人を、自分の欲望を満足させるために利用しないためです。

キリストへの愛は、キリストの羊を飼う者の中で、キリストと共に生きることを望みながらも死にたくはないという、死に対する自然の恐怖に打ち勝つほど、大きな霊的熱意に成長しなければなりません。

死の苦しみがどれほどのものであっても、愛の力によってそれに打ち勝たなければなりません。[5] その愛とは、わたしたちのいのちでありながら、わたしたちのために死さえも進んで耐え忍んでくださったキリストに対する愛のことです。

実に、死が全く、あるいはわずかしか苦しいものでないとしたら、殉教者たちの栄誉はあれほど偉大なものではないでしょう。それで、ご自分のすべての羊のためにご自分のいのちを捨てられたよい羊飼いが、[6] その羊の中からこれほど多くの殉教者を育てられたのであれば、まして羊を飼うこと、すなわち羊を教え、統治することをゆだねられた人々は、真理のために死をもいとわずに戦い、罪に反対して自分の血を流すまで戦わなければならないのではありませんか。[7]

主の受難の模範が示された後、この主を多くの羊も模倣したのであれば、まして羊飼いたちが唯一の羊飼いを模倣して、彼に一致しなければならないということは、だれの目にも明らかです。このただ一人の羊飼いのもとで、ただ一つの群れの中で、羊飼いたち自身も羊なのです。主ご自身、すべての人のために苦しみを忍ぼうとして羊となられたのですから、主はそのすべての人のために苦難を忍ばれて、すべての人をご自分の羊とされたのです。

1 ヨハネ21・15—19参照　2 フィリピ2・21
3 ヨハネ21・15参照　4 二テモテ3・1—8参照　5 フィリピ1・23参照
6 ヨハネ10・11参照　7 ヘブライ12・4参照

12月7日

聖アンブロジオ司教教会博士　記念日

三四〇年頃、ドイツのトリールでローマ人の家庭に生まれる。ローマで勉学に励み、シルミウムで執政官になる。三七四年ミラノ在住の折、突然同市の司教に選出され、十二月七日に司教叙階を受けた。司教の職務を誠実に果たし、すべての人に大きないつくしみを示し、信者たちを見事に指導し、教えた。また、教会の権利を皇帝に対して力強く擁護し、アレイオス派に対して著作と行動で正統信仰を守った。三九七年の聖土曜日にあたる四月四日に死去。

第一朗読　当週当曜日（または祝日共通）

第二朗読

聖アンブロジオ司教の手紙

すばらしい弁舌によって人々を捕らえなさい

あなたは祭司の務めを授けられて、教会の船尾に座り、波の中で船を操ります。信仰の舵棒《かじぼう》を握りしめ、この世の激しい嵐によって船路を乱されないようにしなさい。海は実に大きく果てしなく広がっていますが、恐れてはなりません。主ご自身が、教会の基《もとい》を「大海《おおうみ》の上に置き、諸々《もろもろ》の〔潮の〕流れの上にそれを築かれた」[1]からです。したがって、使徒の礎の上に建てられた主の教会が、逆巻く世の荒波の中で動揺することなく、怒り狂う海の中で毅然《きぜん》としているのは不思議ではありません。波に襲われても動揺することはありません。この世のことがらは、しばしばぶつかり合って大騒ぎを起こしますが、教会は労苦している人々を受け入れることができる最も安全な救いの港を持っています。しかし、教会は海で波に揺られているとはいえ、諸々の〔潮の〕流れと共に走ります。それらはむしろ、「諸々の流れは声を上げた」[2]と言われているあの流れのことではないでしょうか。キリストから飲み物を与えられ、神の霊を飲んだ者のうちからあふれ出る諸々の流れがあります。[3]これらの流れは、霊の恵みにあふれると、声を上げるのです。

また、洪水の流れのように聖なる人々の中に流れ込む川もあり、[4]穏やかで静かな魂に喜びを与える川もあります。[5]福音記者ヨハネのように、またペトロとパウロのように、この満ちあふれる川の恵みを受けた者は声を上げます。そして、使徒たちが福音宣教の声を世界のすみずみまで鳴り響かせたように、この人もまた主イエスの福音を宣《の》べ伝えます。

あなたの声も響くように、キリストから受けなさい。キリストの水、主を賛美する水を集めなさい。[6]預言者をかたどる雲がまき散らす水を、各地から集めなさい。

　山々から水を集めて、それを自分のもとに寄せる人、泉から水を汲《く》む人は、雲のように水をまき散らすことができます。ですから、あなたの心をこの水で満たしなさい。そうすればあなたの土地は潤いを保ち、自分の泉から水を受けます。

　したがって、多くを読み、理解する人は満たされます。満たされた人は他の人々に注ぎかけます。「雨が雲に満ちれば、それは地に滴る」[7]と聖書に書かれているとおりです。

　あなたの話が豊かで、清らかで、明らかでありますように。道徳の教えに際しては、聴衆の耳に快さを吹き入れ、すばらしい弁舌によって人々を捕らえなさい。そうすれば、人々はあなたの導く所に進んでついて来るでしょう。

　あなたの話が知恵に満ちたものでありますように。「知恵ある人の唇は知性の武器」[8]とソロモンは言っています。また別の箇所で、「あなたの唇は意味に結ばれていますように」[9]とあります。それは、あなたの話は理路整然として、意味は明確であり、論述は他人からの補強を必要とせず、自らの武器で自分を守り、意味のない無駄な言葉が口から出ることがないということです。

1 詩編24・2　2 同93・3　3 ヨハネ7・38—39参照　4 イザヤ66・12参照　5 詩編46・5参照　6 同148・4参照　ダニエル・アザルヤ37、54—55　7 コヘレト11・3　8 箴言14・3参照　9 同16・23参照

12月8日 無原罪の聖マリア

祭日

マリアは神の特別な恵みによって、その存在の最初の瞬間から、あらゆる罪から守られていた。これは、マリアが神の母であることにもとづいている。被昇天と同様、無原罪の宿りにおいても、マリアは、しみもしわも汚れもない聖なる教会(エフェソ5・27参照)の前表である。

第一朗読 ローマ5・12—21

罪が増したところに、恵みが満ちあふれた

第二朗読

聖アンセルモ司教の祈願

処女よ、あなたの祝福によって自然はすべて祝福される

聖母よ、天、星、土、川、日、夜、人に治められるもの、人のために役立つものはすべて、あなたによっていわば復活させられ、名状しがたい新しい恩恵をもって飾られたことを喜びます。神をたたえる人間に治められ、また益するためにこそ造られた宇宙万物は、この生来の誉れ高い役割を失い、創造の目的に反して偶像に仕える人間の圧迫と濫用にしいたげられ、汚されて、まるで死んだも同然でした。ところが、今や万物は神を賛美する人間に治められ、利用されることで美しい姿を取り戻し、あたかも復活させられたように喜んでいます。

万物は、新しい、限りなく貴い恩恵を浴びて、歓喜しました。それは、世を超越した創造主である神が、見えざるものとして自分たちを支配することを万物が感じとったときだけではなく、目で見えるかたちで自分たちのうちにあって、自分たちを使って聖化なさるものとして神を見たときに起こったことなのです。このように偉大な恵みは、祝福されたマリア、祝福された胎、祝福された実によってもたらされたのです。

陰府《よみ》にいた者たちも、あなたの豊かな恩恵による解放を歓喜し、世を超えている天使たちも、再興された自らの状態に歓喜しています。事実、いのちを与える〔御子の〕死に先立つ時代に亡くなったすべての義人たちは、栄えある処女《おとめ》であるあなたから生まれた栄えある御子により、その捕われの状態からの解放を歓喜し、天使たちも半ば崩壊した彼らの国の再興に喜び勇んでいます。

限りない恩恵に満ちた方よ、創造されたものはすべて、あなたの満ちみてる恩恵のあふれに潤されて再生されました。限りない祝福を受けた処女よ、あなたの祝福によって自然はすべて祝福されます。創造されたものが創造主によって祝福を受けただけでなく、実に創造主も被造物たるあなたにより祝福されました。

神はご自分に等しいものとして生んだ御子のみを、ご自分と同じく心から愛されましたが、その御子をマリアに与えられました。マリアを通じてご自分のために御子を造られましたが、それは別の子ではなく同じ御子であり、生まれながらにして神とマリアにとって同じ共通の子です。すべてあるものは神によって造られましたが、神はマリアから生まれました。神はすべてを創造されましたが、マリアは神を産んだのです。すべてを造られた神は、マリアから自らを造られました。しかも、このことによって、創造したすべてのものを再興されたのです。すべてを無から造ることのできた神は、それらが傷を受けたとき、マリアを通さずして再興させることを望まれませんでした。

このように、神は創造されたものの父であり、マリアは再創造されたものの母です。神は万物の創造の父であり、マリアは万物の再興の母です。神は万物を造った方をお生みになり、マリアは万物を救った方を産みました。神は、その方なくしては何も存在しない方をお生みになったのですが、[1]マリアはその方なくしては、何もよいものになりえない方を産みました。

聖母よ、実に、主はあなたと共におられます。主のはからいによって、すべてであるものは主から恩を受けるとともに、あなたからも限りない恩を受けたのです。

1 ヨハネ1・3参照

12月11日　任意
聖ダマソ一世教皇

三〇五年頃、スペインで生まれる。ローマで聖職者となり、三六六年、困難な時代にローマ教皇となる。離教者や異端者に対抗するために多くの教会会議を開き、殉教者に対する崇敬を広め、彼らの墓に碑文をささげた。三八四年に死去。

第一朗読　当週当曜日（または祝日共通）

第二朗読

聖アウグスチヌス司教の『ファウストゥス反駁《はんばく》論』

わたしたちは殉教者たちに、愛と仲間意識を伴う崇敬をささげている

キリスト者の民は殉教者たちの墓で、信心深く荘厳に、共に祝いを行っている。それは、殉教者の模範に倣うように励まされ、彼らの功徳《くどく》にあずかり、祈りに助けられるためである。しかしながら、殉教者の墓の場所に祭壇を建てることはあっても、殉教者に供えものをささげるために祭壇を建てることは決してないのである。

聖人たちの遺体の場所に建てられた祭壇で儀式を執行するにあたって、「ペトロよ」、あるいは「パウロよ」、あるいは「チプリアノよ、あなたに供えものをささげます」と言う司教はだれもいない。供えものは、殉教者に栄冠を与えてくださった神に、栄冠をいただいた殉教者の墓のある所でささげられるのである。それは、その場所によって励まされ、わたしたちも倣うことのできる殉教者への愛、そして倣うことを可能にする助けを与えてくださる神への愛を強めるために、感情が燃え上がるようにするためである。

わたしたちは殉教者たちに、愛と仲間意識を伴う崇敬をささげている。今この世に生きている神の聖なる人々の中で、その心が福音の真理のために、受難を忍ぶ用意ができていると思われる人々に向ける崇敬と同様のものである。しかし、わたしたちは、まだこの世で戦いの途中にいる人々よりも、すべての戦いに打ち勝って、すでに至福のいのちに至った勝利者たちをいっそう安心し、いっそう確信してほめたたえている。

しかし、わたしたちは崇拝と呼ばれる礼拝を唯一の神だけにささげ、人々にも神だけを崇拝するように教える。崇拝は神にのみささげられるべき敬意だからである。

いけにえをささげることは、この崇拝の一要素であるから、偶像にいけにえをささげることは、偶像崇拝と呼ばれている。だから、わたしたちは、殉教者や聖なる魂や天使にいけにえをささげたり、またささげるように命じたりはしない。そして、このような過ちに陥る人がいたなら、健全な教えをもって矯《た》め直される。それは、本人が身を正すようにするためであり、本人がそうしないならば彼との交際を避けるようにするためである。

聖人自身も、人間である以上、神だけにささげられるはずのいけにえが、自分たちに向けられることは望まない。パウロとバルナバの例はこのことをよく示している。彼らを通して行われた奇跡にリカオニアの人々が感動し、彼らを神々と見なして、彼らにいけにえをささげようとしたとき、彼らは服を裂き、自分たちは神々ではないと宣言し、説得して、自分たちに対してそのようにすることを禁じたのである。[1]

わたしたちの教えることはこのようなことであるが、これとは違った現状もあり、わたしたちはそれを耐え忍ばざるをえないのである。一方には明言すべき掟《おきて》があり、他方では過ちを矯め直すように命じる義務がある。それを矯め直すことに成功するまでは、それを耐え忍ばなくてはならないのである。

1使徒言行録14・11—18参照

12月12日（8月12日に移動）　任意
聖ヨハンナ・フランシスカ・ド・シャンタル修道女

一五七二年、フランスのディジョンに生まれる。シャンタル男爵と結婚して六人の子を産み、敬虔な母として育てた。夫の死後、聖フランシスコ・サレジオの指導で完徳の道をひたむきに歩み、特に貧しい者、病気の人を助けた。また、聖母訪問会を創立し、長上として賢明に指導した。一六四一年に死去。

第一朗読　当週当曜日（または祝日共通）

第二朗読

聖ヨハンナ・フランシスカの秘書による回顧録

愛は死のように強い

ある日、聖ヨハンナは火のような言葉を言いました。そして、この言葉はその場で忠実に書きとめられました。

「愛する娘たち、教会の柱石《ちゅうせき》であった聖なる教父たちの多くは、殉教なさいませんでした。どうしてだと思いますか。」それぞれが答えた後、聖ヨハンナがこう言いました。「殉教には、愛の殉教と呼ばれるもう一つのものがあるからだと思います。その場合、神様はご自分の光栄のために働かせるよう、そのしもべとはしためたちを生きながらえさせながら、彼らが殉教者にも証聖者にもなるようにしてくださるのです。聖母訪問会の修道女たちが、このような愛の殉教に召されていることをわたしは知っています。彼女たちのうちでこれを望む幸いな者には、神様はそれを忍ばせてくださるでしょう。」

一人の姉妹が、このような殉教はどのように行われるのかと尋ねると、聖ヨハンナは答えました。「神様に意志を完全にささげなさい。そうすれば、あなたはその殉教が何であるかを経験なさるでしょう。神の愛の剣は、わたしたちの魂の最も奥深い、ひそかなところにまで達し、わたしたちを自分自身から切り離すからです。[1] わたしは、非常に愛着していたものからこの愛によって引き離されたある人を知っています。それは、残虐者の刃《やいば》にかかって肉体と魂を切り離されるよりも、もっとつらいものでした。」

わたしたちには、それが彼女自身のことであるとわかりました。そこで一人の姉妹が、この殉教はどのくらい続くのか尋ねると、彼女は答えました。「自分自身を余すところなく神様にささげた時から死ぬまでです。けれども、これは自分のために何もとっておくことのない、愛に忠実な雄々しい心の人の場合です。なぜなら、主は、愛も粘り強さもあまりない心の弱い人には、殉教の苦しみを与えようとはなさいませんから。その人が主から去ってしまうといけないので、人生の普通の歩みを続けさせられるのです。主は、決して人の自由意志を無理強いなさらないからです。」

この愛の殉教は、体の殉教に匹敵しうるかとある姉妹が尋ねると、聖ヨハンナは言いました。「等しいか、等しくないかを調べますまい。とはいえ、愛の殉教は体の殉教に決して劣らないと思います。『愛は死のように強い』[2]からです。そして、愛の殉教者は、信仰と愛と忠実を証《あか》しするために千回殺されることよりも、はるかに多くの苦しみを、神のみ旨を行うために生きながらえて耐え忍ぶのです。」

1 ルカ2・35　ヘブライ4・12参照　2 雅歌8・6

これまで十二月十二日に記念されていた、聖ヨハンナ・フランシスカ・ド・シャンタル修道女の記念日（任意）は、教皇庁典礼秘跡省の決定により、二〇〇三年度から八月十二日に移動されました。

12月13日　聖ルチアおとめ殉教者

記念日

ディオクレチアヌス帝によるキリスト教迫害の間に、おそらくシチリア島のシラクサで亡くなった。ルチアに対する崇敬は、古代からほとんど全教会に広まり、ローマ典文(第一奉献文)にその名前が入れられた。

第一朗読　当週当曜日(または祝日共通)

第二朗読

聖アンブロジオ司教の『処女性論』

心の輝きで体の美しさを照らす方

あなたは民の一人、民衆の一人、おとめたちの一人であり、心の輝きで体の美しさを照らす方。(そのため、あなたは教会によく似ている。)あなたは夜、自分の部屋に閉じこもって、常にキリストを思い、絶えずその到来を期待し続けなさい。

キリストはそのようなあなたを望み、そのようなあなたを選んだのである。したがって、戸が開いていれば、キリストは入って来られる。来ると約束した方は偽ることがない。したがって、求めていた方を抱擁しなさい。彼に近づきなさい。そうすれば、あなたは照らされる。[1] 彼を引き止め、早く帰らないように願い、立ち去らないように求めなさい。神のことばは走るからである。[2] 飽きっぽい人はそれを把握することができず、怠ける人はそれを捕らえることができない。その呼びかけに応じて、あなたの魂は主を迎えに行きなさい。そして、天の話の余韻を味わいなさい。ことばは早く過ぎ去ってしまうから。

そこで、おとめは何と言うだろう。「求めても、あの方は見つかりません。呼び求めても、答えてくれません。[3]」そのように早く立ち去ってしまったのは、呼び求め、戸を開けたあなたが、彼の気に入らなかったからだとは考えないようにしなさい。彼は、しばしばわたしたちを試みに遭うままにさせておくのである。立ち去らないようにと願う群衆に向かって、福音の中で彼は何と言っているだろう。「ほかの町にも神のことばの福音を伝えなければならない。わたしはそのために遣わされたのである。」[4] 彼が立ち去ったように思われても、出て行って、再び探しなさい。

キリストを捕らえておく方法を、聖なる教会以外にだれがあなたに教えてくれるだろう。あなたが自分で読む次の言葉を理解するのなら、教会はすでにあなたに教えたはずである。「彼らに別れるとすぐに、恋い慕う人が見つかりました。つかまえました、もう離しません。[5]」

キリストは、どのようなことによって捕らえられているのだろうか。不正な関係によってでも、紐《ひも》の結び目によってでもなく、愛のきずな、精神の綱で結ばれ、心の感動によって捕らえられるのである。

あなたもキリストを捕らえておくことを望むのなら、苦しみを恐れることなく、絶えず探し求めなさい。それは、しばしば体の痛みの中、迫害者が加える虐待の中に、キリストはもっとよく見いだされるからである。

「彼らに別れるとすぐに」と書かれている。すなわち、あなたが迫害者の手を逃れ、世の権力に屈しなかったとき、間もなく、すぐにキリストはあなたを出迎え、あなたの試練が長引くのをゆるされないだろう。

このようにキリストを求め、キリストを見いだしたおとめは次のように言うことができる。「わたしは彼をつかまえました、もう離しません。母の家に、わたしを産んだ母の部屋にお連れします。[5]」あなたの母の家、母の部屋とは、あなたの本性の隠れた深みに違いない。

この家を守り、その内部を清めなさい。家が完全に清められ、曲がった心の汚れがぬぐい去られると、聖なる祭司の務めのために隅を石で固められた霊的な家となり[6]、そこに聖霊が住むようになる。

このようにキリストを求め、このようにキリストに嘆願する者は、キリストから見捨てられることなく、かえってたびたび訪問を受ける。それは、キリストが世の終わりまで、わたしたちと共におられるからである[7]。

1 詩編34・6参照(ヴルガタ)　2 同147・15参照
3 雅歌5・6　4 ルカ4・43　5 雅歌3・4
6 一ペトロ2・5　7 マタイ28・20参照

12月14日
聖ヨハネ(十字架の)司祭教会博士　記念日

一五四二年頃、スペインのフォンティベロスで生まれる。カルメル会に入会後、アビラの聖テレジアに刺激され、一五六八年、男子カルメル会の改革に着手、たいへん労苦しながらも、改革の仕事を最後まで続行した。一五九一年、ウベダで死去。彼の傑出した聖性と英知を示す優れた霊的著作を残した。

第一朗読　当週当曜日(または祝日共通)

第二朗読

十字架の聖ヨハネ司祭の『霊の賛歌』

主イエス・キリストのうちに隠された奥義を知る

この世において、聖なる学者たちが、いかに多くの奥義や不思議を発見しても、聖なる人々がそれらのことを悟ったとしても、彼らの言うことも、知ることも、そのごくわずかな部分にすぎない。

キリストのうちには、掘り下げてみるべきものが実に多くある。それは、宝を隠す無数の採掘場を持つ、豊かな鉱山のようである。いくら掘っても掘り尽くすことがなく、各々の採掘場の中に、新しい富を隠す鉱脈があちらこちらに次々と見いだされていく。

そのため、聖パウロはキリストについて、「知恵と知識の宝はすべて、キリストの内に隠されています」[1]と言ったのである。これらの宝の中に入るためには、まず内的、外的苦しみの狭い道を通らねばならない。それに、多くの苦しみを耐え忍び、多くの知性的、感覚的恵みを神から受け、霊的修行に一心に励むことなしには、そこに達することはできない。

このような恵みも皆、キリストの奥義の知恵以下のものであり、その奥義の認識に達するための準備のようなものである。

ああ、もしも人が、あらゆるかたちの苦しみの覆いかぶさる茂みの中に入り、そこに慰めと望みを置かなければ、神の豊かな知恵とその深い茂みのうちに入れないことを完全に悟るならば…。ああ、神の知恵に真に渇く魂は、まず、十字架の茂みの中に入ることをどれほど望むだろうか。

そのためにこそ、聖パウロはエフェソの信徒たちに、「艱難《かんなん》にあって落胆しないように」[2]戒め、雄々しい人となり、「愛に根ざす」[3]ように勧めた。そうして、「すべての聖なる者たちと共に、奥義の広さ、長さ、高さ、深さがどれほどであるかを理解し、キリストを知る至高の愛を悟り、神の満ちあふれる豊かさのすべてに満たされる」[4]と言っている。

この豊かな知恵に入るための門は十字架であり、この門は狭い。そして、この門から入ることにあこがれる人は少ないが、この門を通ることによって達する喜びにあこがれる人は多いのである。

1 コロサイ2・3　2 エフェソ3・13　3 同3・17　4 同3・18―19

12月21日
聖ペトロ・カニジオ司祭教会博士　任意

一五二一年、オランダのナイメーヘンに生まれる。ケルンで学問を修め、イエズス会に入会、一五四六年に司祭に叙階される。ドイツへ派遣され、カトリックの信仰を保護し確立するために、著作や説教を通して長い間熱心に働いた。多くの著作の中でも、『小教理問答』は特に有名。一五九七年、スイスのフリブールで死去。

第一朗読　12月21日(65ページ)

第二朗読　12月21日(65ページ)

第三朗読（任意）

聖ペトロ・カニジオ司祭の手紙

主よ、あなたがどれほど切に、そしてどれほどしばしば、あの日わたしにドイツを任せてくださったかを、あなたはご存じです

ドイツの第二の使徒と呼ばれるにふさわしい聖ペトロ・カニジオは、ドイツに旅立つ前に、教皇から祝福を受けた後、深い神秘体験を得たが、そのことについて、以下のように自ら書き記している。

「永遠の大祭司キリストよ、無限の御いつくしみのはからいに従って、わたしは教皇から受けた祝福が実を結ぶためにそれを承認するように、バチカンの大聖堂において使徒たちに熱心に祈り求めました。巡礼者たちはそこでこの使徒たちの墓を訪れ、使徒たちは神の思《おぼ》し召しに従って奇《く》しき業《わざ》を行っています。そこでは、この使徒たちのとりなしによって与えられた大きな慰めを感じ、恵みがここにあることを体験しました。事実、この使徒たちもわたしに祝福を与え、わたしがドイツへ派遣されることを承認しました。そして、彼らが、ドイツの使徒としてのわたしに、好意を示すことを約束してくださるように感じました。主よ、わたしが今からドイツに心を配り続け、ドイツのために生き、死ぬことを望むように、あなたがどれほど切に、そしてどれほどしばしば、あの日わたしにドイツを任せてくださったかを、あなたはご存じです。

主・キリストよ、あなたは至聖なる御体のうちにあるみ心を、いわばわたしに開き、わたしは面前でそれを眺める体験をいたしました。わたしの救い主よ、あなたはみ心の泉から水を飲むようにお命じになりました。すなわち、あなたの泉からわたしの救いの水を汲《く》むように招いてくださったのです。[1] そして、わたしは、信仰と希望と愛の流れが、み心の泉からわたしのうちに引かれるよう熱望しました。また、貧しさと貞潔と従順を渇望し、あなたによってことごとく洗われ、服を着せられ、飾られるよう願っていたのです。そこで、わたしが勇気を出して、甘美さの満ちあふれるあなたのみ心に触れ、それによって渇きを潤した後、あなたはわたしの願いにこたえて、三つの部分をつなぎ合わせた衣服、すなわち、わたしの裸の魂を覆い、引き受けた任務に非常にふさわしい衣服を約束なさいました。この三つの部分とは、平和と愛と堅忍であります。この有益な衣服に守られて、わたしには足りないことは何もなく、すべての仕事があなたの栄光のために成功裡《せいこうり》に運ばれるという信頼を持つことができるようになりました。」

1 イザヤ12・3参照

12月23日　　任意

聖ヨハネ(ケンティ)司祭

一三九〇年、ポーランドのクラクフ司教区のケンティ市に生まれる。司祭に叙階後、クラクフ大学で長い間教え、後にイルクス小教区の主任司祭となる。正統信仰の優れた教師で高徳の生活を送り、特に隣人愛に秀で、教師や学生の模範となった。一四七三年に死去。

第一朗読　12月23日(70ページ)

第二朗読　12月23日(70ページ)

第三朗読(任意)

クレメンス十三世教皇の手紙

神だけが彼の心を完全に占め、彼は神のことだけを口にしていた

当時、クラクフに近い地域では、離教や異端が猛威をふるっていました。そのときケンティのヨハネは、クラクフ大学で純粋な源泉から汲《く》みとった学問を教え、説教の中で説教台から正しい道徳を民に教えようと努め、その教えを、謙遜《けんそん》、貞潔、あわれみ、苦行など、非のうちどころのない司祭や熱心な働き手にふさわしい諸徳によって確証したのです。彼を知っていた人なら、行いと教えが合致し、反対者から攻撃されている正しい信仰を擁護することのできる学識と聖性に優れた数少ない人の中に、ヨハネを数えることをだれも躊躇《ちゅうちょ》しないでしょう。

彼は同大学の教授たちに特別な光輝をもたらしただけでなく、すばらしい模範を残しました。それは、教職にあるすべての者が完全な教師となり、全力を尽くして、ひたすら神の栄光と賛美のために他の学科を教えるとともに、聖人たちの学問を教える者になるためでした。

彼は、神とかかわりのあることを取り扱うときの敬虔《けいけん》のほかに、謙遜をも兼ね備えていました。他に抜きん出て優れた学識を有しながら、自分自身をつまらぬ者とみなし、決して自分を他人よりも優れた者とは思いませんでした。また、反対されたり侮辱されたりしても、いらだつようなことがなかっただけでなく、かえってすべての人から軽んじられ、見下げられることを望んでいました。

彼の謙遜には子どものような、まれに見る純真なところがありました。その行為にも言葉にも、少しの偽りも見せかけもなく、心に思っているとおりをそのまますぐに口にするのでした。真実を語ったがために、だれかの心を傷つけたのではないかと思うとき、自分の過ちよりも相手の過ちが問題であったのに、彼は祭壇に昇る前に、謙遜にゆるしを願っていました。[1]一日の務めが終わると大学からまっすぐ聖堂に行き、聖体のうちに隠れておられるキリストの前で長い時間、黙想と祈りに沈みました。神だけが彼の心を完全に占め、彼は神のことだけを口にしていたのです。

1 マタイ5・23―24参照

12月26日　聖ステファノ殉教者　祝日

ステファノは最初の殉教者であり、その証しは教会の模範として、常に大切にされてきた。彼は使徒たちを補佐するために選ばれた七人のうちの一人で、やがて福音宣教にも携わった。主・キリストの受難に倣い、自分を迫害する人々に最期まで愛を示して殉教した。

第一朗読　使徒言行録6・8～7・2a、44～8・1a

ステファノの殉教

第二朗読

ルスペの聖フルゲンチオ司教の説教

愛の武器

昨日わたしたちは、永遠の王のこの世での誕生を祝いました。今日は、一兵士の勝利の受難を祝います。

つまり、昨日わたしたちの王は肉をまとい、処女《おとめ》の胎から出て、この世界においでになりましたが、今日、兵士は肉の幕屋を出て、勝利者として天国に上ります。

わたしたちの王はいと高き方であるのに、へりくだってわたしたちのところに来られましたが、手ぶらで来ることはおできになりませんでした。立派な贈り物をご自分の兵士たちに持って来られ、それによって彼らを豊かに富ませてくださっただけでなく、戦いに臨んでは、無敵の強さを持つものにしてくださったのです。持って来られたのは、人々を神性にあずからせる愛の賜物《たまもの》でした。

その持って来られたものを分け与えられましたが、それによってその方が失われたものは何もありませんでした。自らの信奉者たちの貧しさを豊かさに変えられましたが、自らは、不思議にも尽きない宝でいっぱいに満たされておられました。

キリストを天から地上へ下ろした愛そのものが、ステファノを地上から天へ高めました。まず王の中にあった愛そのものが、その後に一人の兵士の中で輝いたのです。

こうしてステファノは、自分の名前が意味する栄冠をいただくために、武器の代わりに愛を持ち、愛によって至るところで勝利者となりました。怒り狂うユダヤ人たちには神への愛によって屈せず、投石する人々のためには隣人愛によってとりなしました。人々が正しく直されるように、愛によって人々の誤りをとがめ、投石する人々が処罰されないように、愛によって彼らのために祈りました。

彼は愛の力に支えられて、残酷にふるまうサウロに勝ち、地上では自分を迫害したこのサウロを、天国では仲間とすることができました。彼の聖なる忍耐深い愛は、言葉によって回心させることのできなかった人々の心を、祈りによって捕らえることを熱望しました。

そして今、パウロはステファノと共に喜び、ステファノと共にキリストの光を楽しみ、ステファノと共に歓喜し、ステファノと共に支配しています。パウロの投石によって殺害されたステファノが先に行った所へ[1]、パウロはステファノの祈りに助けられて、ついて行きました。

兄弟たちよ、パウロがステファノの殺害の重荷に押しつぶされず、ステファノのほうは、パウロが共にいることを喜んでいるという生き方はなんという真のいのちでしょう。それが真のいのちになったのは、ステファノとパウロの両者が愛によって喜び勇んでいるからです。確かに、ステファノの中では愛はユダヤ人たちの残忍さを克服したのであり、パウロの中では「愛は多くの罪を覆った」[2]のです。そして愛は両者に、等しく天国を受け継がせたのです。

ゆえに、愛はすべてのよいものの泉、起源であり、卓越した守りであり、天国へ導く道です。愛の中を歩む者は、迷うことも、恐れることもできません。愛は目標へ向かわせ、愛は保護し、愛は導き通します。

兄弟たちよ、キリストは愛のはしごをお造りになり、キリスト者はすべて、それによって天国に上ることができるのですから、あなたたちは清らかな愛を雄々しく保ち、互いに愛を実践し、愛の中を前進して、天国へ上りなさい。

1 使徒言行録8・1a参照　2 一ペトロ4・8

12月27日

聖ヨハネ使徒福音記者　　祝日

ゼベダイの子ヤコブの兄弟の使徒ヨハネは、ペトロとヤコブと共に主の変容を証しし（マルコ9・2―3）、ゲツセマネにおけるイエスの祈りに立ち会うなど（同14・33）、イエスと特に親しい弟子の一人であった。また、聖霊降臨の後はペトロと共にエルサレム教会の指導者としても活躍した。

第一朗読　一ヨハネ1・1～2・3

いのちのことば、神は光

第二朗読

聖アウグスチヌス司教の『ヨハネの第一の手紙講話』

いのちそのものは肉体において現れた

「初めからあったもの、わたしたちが聞き、目で見たもの、よく見て、手で触れたいのちのことばについて伝えます。[1]」

「ことばは肉となって、わたしたちのうちに宿られた[2]」ということが実現しなかったならば、ことばに手で触れることはだれにもできなかったでしょう。

　手で触れられるように肉となったこのことばは、処女《おとめ》マリアから肉体を受けて初めて、肉となられました。しかし、ことばはそのとき存在しはじめられたのではありません。それは、ヨハネが言うように、ことばは「初めからあったもの」だからです。「初めにことばがあった。ことばは神と共にあった[3]」というヨハネ福音の言葉が、ただ今朗読されました。ヨハネは、自分の福音書のこの言葉を、自分の手紙の言葉によって確信しているのです。

　ある人は多分「いのちのことばについて」とい

う語句を、キリストについての話という意味にとって、手で触れられるキリストの体という意味には受けとらないかもしれません。しかし、このような理解は正しくありません。次にくる言葉に注意すると、それは明らかです。「このいのちは現れました[4]」と続いて書かれています。したがって、キリスト自身がいのちのことばなのです。

では、それはどのようにして現れたのでしょうか。ことばは初めから存在しておられたのですが、人間に現れていなかったのです。もちろん、ご自分を見ている天使たちには現れていたのです。この天使たちは、ことばを、いわばパンとしていただいて養われていたのです。では、聖書は何と言っているでしょうか。「人は天使たちのパンを食べた[5]」と言っています。

したがって、いのちそのものは肉体において現れました。それがはっきり現されたのは、心だけで見ることのできるものが、心をいやすために、目にも見えるようになるためでした。ことばは心でだけ見られますが、肉体は肉眼でも見られます。わたしたちはことばを見る能力を持っていませんでしたが、肉体を見る能力は持っていたのです。ことばは、わたしたちが見ることのできる肉体となったのです。それは、ことばを見る心の目が、わたしたちの中でいやされるためでした。

「御父と共にあったが、わたしたちのうちに現れたこの永遠のいのちを、あなたがたに証《あか》しし、伝えるのです。[6]」「わたしたちのうちに現れた」とは、すなわち、わたしたちの間で現れたということです。もっとはっきり言うと、わたしたちに現れたということです。

「わたしたちが見、また聞いたことを、あなたがたにも伝えます。[7]」親愛なる皆さん、よく注意しなさい。「わたしたちが見、また聞いたことを、あなたがたにも伝えます」と書かれています。彼ら使徒たちは、肉体のうちに現存しておられる主を見、主の口からことばを聞き、わたしたちに告げました。それでわたしたちも聞きましたが、見たのではありません。

それでは、見も聞きもした使徒たちほど、わたしたちは幸福ではないのでしょうか。同様に、幸福でないのであれば、ヨハネはどうして、「あなたがたもわたしたちとの交わりを持つようになるためです」[8]と言い加えているのでしょうか。彼らは見て、わたしたちは見ませんでしたが、わたしたちは彼らと交わりを持っているのです。なぜなら、同じ信仰を持っているからです。

「わたしたちの交わりは、御父と御子イエス・キリストとの交わりです。わたしたちがこれらのことを書くのは、あなたたちの喜びが満ちあふれるようになるためです」[9]とヨハネは言っています。満ちあふれる喜びをもたらすのは、交わりそのもの、愛そのもの、一致そのものだと言っているのです。

1 一ヨハネ1・1　2 ヨハネ1・14　3 同1・1　4 一ヨハネ1・2　5 詩編78・25（ヴルガタ）　6 一ヨハネ1・2　7 同1・3　8 同　9 同1・3―4

12月28日　幼子殉教者

祝日

六世紀頃から、教会は主の降誕の季節に、聖なる幼子たちの殉教を祝ってきた。ヘロデによって殺害されたこれらの幼子たちは、贖われた人の初穂である。イエスのために命をささげた彼らは、言葉は話せなかったが、その死によって信仰を証ししたのである。

第一朗読　出エジプト1・8―16、22

エジプトにおけるヘブライ人の男児殺害

第二朗読

聖クォドヴルトデオ司教の説教

まだ話せないのにキリストを告白する

小さい幼子が生まれました。その子は偉大な王です。遠くから占星術の学者たちが導かれて来ます。飼《か》い葉桶《ばおけ》に横たわったまま、すでに天地に君臨するその子を拝もうとします。この王の誕生を学者たちが告げたので、ヘロデは当惑し、王権を失うまいと、その子を殺そうと決めます。むしろその子に信をささげれば、地上では安泰、来世では永遠に支配するでしょうに。

ヘロデよ、王の誕生を聞いて、どうして恐れるのですか。彼はあなたを追放しに来たのではなく、悪魔に勝とうとして来たのです。あなたはそれをわからず、心を乱して残酷なことをしています。そして、その一人の子の命を奪おうとして、多くの幼子たちを殺して残忍性を発揮します。

泣く母親たちの愛情にも、子どもを失って悼む父親の悲しみにも、子どもたちの悲鳴にも、うめきにも引き止められないあなたは、幼子たちの体を滅ぼします。恐怖があなたの心の中で、あなたを滅ぼしているからです。そして自分の欲するままに行えば、あなたは長く生きられると思って、実はいのちそのものである方を殺そうとしているのです。

しかし、小さくても偉大、飼い葉桶に臥《ふ》しながら、あなたの王位を脅かすように思われた恵みの泉であられる方は、あなたの知らないうちに、あなたを使ってご自分の目的を果たし、悪魔の支配から幼子たちの霊魂を救っておられます。敵の子どもたちを、神の子として受け入れているのです。

幼子たちは、知らないながらもキリストのために死にます。親たちは殉教者たちの死を悼みます。キリストは、まだ話のできない幼子たちを、ご自分のためのふさわしい証人にします。このような王になろうと到来なさった方が、このように君臨なさるのを見なさい。解放者がすでに解放を始め、救済者がすでに救済を始めているのを見なさい。

だがヘロデよ、あなたはこのことを知らず、心を乱し、残酷なことをします。しかし、あなたがその子に対して残酷なことを企てるとき、すでに知らないうちにその子の仕事を助けているのです。

なんという大きな恵みの賜物《たまもの》でしょうか。幼子たちがこのような勝利を収めるとは、どのような功徳《くどく》によるのでしょうか。まだ話すことができないのに、キリストを告白するのです。手足を動かして戦うことができないのに、すでに勝利を勝ち取っているのです。

12月29日 聖トマス・ベケット司教殉教者　任意

一一一八年、ロンドンに生まれる。カンタベリー教会の聖職者となり、さらに国王の大法官となる。一一六二年にカンタベリー司教に選ばれ、国王ヘンリー二世に対して教会の権利を懸命に擁護した。そのため、国から追放され、六年間フランスに滞在せざるをえなかった。帰国を許された後も数々の試練を耐え忍び、ついに一一七〇年、国王が遣わした騎士たちの手で殺害された。

第一朗読　12月29日(81ページ)

第二朗読　12月29日(81ページ)

第三朗読(任意)

聖トマス・ベケット司教の手紙

よい戦いを戦い抜いた者だけが、勝利の冠を受ける

司教、祭司と呼ばれているわたしたちが、その名にふさわしい者であろうとするならば、神が永遠の祭司とされたキリストの模範を、いつも注意深く黙想し、その足跡に従わなければなりません。キリストは、わたしたちのために、十字架の祭壇の上で御父に自らをささげ、今は天の高みから、すべての人の行いと隠れた思いをいつもご覧になり、ついにそれぞれの働きに応じて報いてくださるでしょう。

わたしたちは、地上でキリストの代理者となるよう任命され、立派な称号を受け、名誉ある職務をゆだねられました。また、霊的な働きに対する物質的報酬を得、使徒とその仲間と後継者の地位を教会の中で持っています。わたしたちの奉仕職によって死と罪の国が滅ぼされ、信仰と徳の進歩によって、キリストの建物が一つになって、主における聖なる神殿とならなければなりません。

確かに、司教は数多くおります。叙階のときに、わたしたちはたゆまず、また日増しに熱心に人々を教え導くことを約束しました。その約束の言葉を、わたしたちは毎日繰り返しているのです。わたしたちの日々の生き方が、その言葉のとおりでありますように。確かに、収穫は多いのですが、それを刈り入れ、主の倉に納めるには、一人や一部の働き手だけでは足りません。[1]

それにしても、ローマの教会が全教会の頭《かしら》であり、カトリックの教えの源であることをだれが疑うでしょうか。天の国の鍵《かぎ》がペトロに与えられたことを知らない者がいるでしょうか。[2]わたしたちが皆、神の子に対する信仰と知識において一つのものとなり、成熟した人間になってキリストと出会うまで、[3]教会の構成全体は、ペトロの信仰と教えの上に建てられているのではないでしょうか。

言葉の種をまくには多くの人が必要であり、それに水をやるにも多くの人を必要とします。言葉の進展も、民の増大もこのことを要求します。旧約の神の民は、祭壇は一つしか持ちませんでしたが、多くの教師を必要としました。諸国の民が大勢集まった今は、なおさらのこと多くの人を必要としています。彼らがいけにえをささげるためには、レバノン全体の薪《まき》をもってしても足りず、レバノンのみならずユダヤ全体の動物も、いけにえの数を満たすことはできません。

しかし、だれが植え、だれが水をやるにしても、ペトロの信仰のうちにとどまって植え、ペトロの教えを受け入れた者でなければ、神は成長させてくださいません。

民の重要なことがらが、吟味されるためにローマ教皇に申告され、彼の判断によって決められることになっており、ローマ教皇のもとに、母なる教会の奉仕者たちは組織され、彼の責任を分担し、ゆだねられた権限を行使するのです。

わたしたちの先祖がどのようにして救われたか、どのように教会が成長し、どれほどの苦難をもって発展したかを心にとめなければなりません。キリストが乗られたペトロの舟が、どのように嵐を乗り切ったかを思い出してください。[4] 先祖たちが、どのようにして勝利の冠を手にしたかを忘れないでください。苦難を通してこそ、彼らの信仰はより鮮やかに輝くのです。

すべての聖なる者の群衆は、このような道を進んだのです。したがって、次の言葉はすべての時代にあてはまるものです。「規則に従って競技をしないならば、栄冠を受けることができないのです。[5]」

1 マタイ9・37参照　2 同16・18―19参照
3 エフェソ4・13参照　4 マルコ4・39参照
5 二テモテ2・5

12月31日
聖シルベストロ一世教皇　任意

三一四年にローマ司教に叙階され、コンスタンチヌス帝の時代に教会を治めた。また、ドナトゥス派の離教やアレイオス派の異端が引き起こした問題に悩まされた。三三五年に死去し、サラリア街道沿いのプリスキラの墓地に埋葬された。

第一朗読　12月31日(87ページ)

第二朗読　12月31日(87ページ)

第三朗読(任意)

カエサリアのエウセビオ司教の『教会史』

コンスタンチヌス帝のキリスト教寛容令の結果について

万事において、世界の王である全能の神に感謝しよう。わたしたちの魂の救い主、贖《あがな》い主であるイエス・キリストにも深く感謝しよう。外からの混乱や心の思いわずらいから守られる、固い、揺らぐことのない平和を持つことができるよう、わたしたちはキリストを通して祈るのである。

どのような雲によっても陰ることのない、輝かしい澄みわたった日が、すでに世界中の教会を天上の光の輝きで照らした。わたしたちと同じ宗教ではなかった人々も、わたしたちと同じような恵みを受けることはできなかったにせよ、わたしたちに神から与えられた恵みに部分的にあずかることができたのである。

特に、キリストに希望をおいていたわたしたち皆にとって、言い表すことのできない喜び、神からくる幸いは花と開いた。少し前まで、不敬の暴君たちが荒らしていたすべての礼拝堂が、生命を失わせる長い荒廃の後によみがえるのをわたしたちは見た。それらの礼拝堂は廃墟《はいきょ》の中から立ち上がり、空高くそびえ、以前に破壊されたものよりもはるかに輝かしいものとなったのである。

わたしたちは、皆が期待し待望していた光景を目の当たりにした。どの町でも、新しく建立された礼拝堂が聖別され、献堂式が行われた。

このために、司教たちは集まり、信者たちは遠くから馳《は》せ参じ、諸民族は互いに友情を交わし合った。キリストの体の肢体は、ただ一つの群れとしての調和のうちに結ばれたのである。

未来を神秘的に預言した言葉に従うと、これはまさに「骨と骨とが互いにつながった」[1]のであり、その預言の言葉は真に成就したのである。

聖霊の同じ力はすべての肢体の中を巡り、皆の魂は一つとなり、皆は同じ一つの信仰に燃え、ただ一つの賛美の声が神をたたえた。

それは、君主たちの完全な礼拝であり、司祭たちの供えものであり、教会の中での神にふさわしい儀式であった。人々は詩編を歌い、神のことばを聞き、救い主の受難の名状しがたい象徴である、神秘的で神聖な儀式を行った。

男も女も、老人も若者も、すべての人が集まった群衆は、心を尽くし、力を尽くして祈りと感謝をささげ、歓喜して、すべてのよいものの造り主である神に感謝の祈りをささげたのである。

1 エゼキエル37・7

1月2日 記念日
聖バジリオ　聖グレゴリオ(ナジアンズ)司教教会博士

バジリオは三三〇年、カッパドキアのカエサリアでキリスト教徒の家庭に生まれた。三七〇年に故郷の司教となり、アレイオス派の異端と戦い、多くの優れた著作を著した。彼の書いた修道戒律は特に有名で、東方教会の多くの修道院で現在も守られている。三七九年一月一日に死去。グレゴリオは同じく三三〇年、ナジアンズ近郊に生まれた。隠遁生活を送るために友人バジリオのもとに赴いたが、間もなく司祭に、やがて司教に叙階された。三八一年にコンスタンチノープルの司教に選ばれたが、同教会に起こった派閥争いのため職を辞してナジアンズに戻り、三八九年(あるいは三九〇年)一月二十五日に死去。学問と雄弁によって名声を高めたため、「神学者」という称号を与えられた。

第一朗読　1月2日(または祝日共通)

第二朗読

ナジアンズの聖グレゴリオ司教の説教

二つの体を持っていながら、心は一つであるように思われた

バジリオとわたしは、同じ故郷という泉から流れ出て、向学心にかられて、分かれた川のように互いに異なる地方に赴きましたが、あたかも申し合わせたかのように、神に動かされてアテネで再会し、一緒に過ごすようになりました。

そのとき、わたしは彼の優れた行状と賢明な言葉を見聞きしたために、偉大な友人バジリオを尊敬し、そのうえ、新入生のうちで彼を知らない人人にも同じように尊敬するように勧めました。事実うわさによって彼を知るやいなや、多くの人々が彼に対する尊敬を抱くようになりました。

そのことから何が起こったかというと、勉学のためにアテネに集まって来た学生のほとんどすべての者の中から、彼のみが学校当局から特別待遇を受け、新入生としては珍しい地位を与えられていました。わたしたちの友情はこのときから始まりました。ここから親しさが燃え上がりました。こうして、わたしたちは相互愛によって心を奪われました。

時がたって、わたしたちは互いに自分の望みを告げ合うようになり、知恵の追求を望んでいるということを互いに語り合いました。すでに二人とも相手にとって仲間であり、一緒に食事をし、心を一つにしており、同じことを目指し、日々いっそう熱心に、かつ堅固に知恵を追求する望みを強め合いました。

競争心の最も激しい世界である学問追求に、わたしたちは同様に燃えていましたが、ねたみはありませんでした。しかし、わたしたちは一つの点についてだけ競い合っていました。実に、わたしたちが競ったのは、どちらが一位になるかということではなく、どちらが相手に一位を譲るかということでした。どちらも相手の栄誉を自分の栄誉とみなしたからです。

二つの体を持っていながら、心は一つであるように思われました。万物が互いに浸透し合っている、という哲学説を唱える人々の言葉を信じてはなりませんが、わたしたち二人が互いに相手の中にいて、相手のそばにいたということを信じてほしいのです。

わたしたち二人が努力したのは徳をつむことであり、来世を希望して生活することであり、また、この世から去る前に、心でこの世からすでに離れているようにするということでした。わたしたちはこのことを目指しながら、生活と行動のすべてを整えました。一方では神の掟《おきて》の導きに従い、他方では徳への熱意を互いに磨いたのです。また、わたしがこのようなことを言うと高ぶっていると思われるかもしれませんが、どちらも相手にとって、善を悪から識別する規範であり尺度でありました。

普通の人々には、両親から受け継いだ名称や、自分自身が努力や偉業によって獲得した名称がありますが、わたしたちにとっては「キリスト者」という名称で呼ばれ、実際にキリスト者であることこそ、偉大なこと、偉大な名称と思われたのです。

1月7日

聖ライムンド（ペニャフォル）司祭

任意

一一七五年頃、バルセロナ近郊に生まれる。バルセロナ教会の参事会員になった後、ドミニコ会に入会。優れた教会法学者として、グレゴリオ九世教皇の命令に従って『教皇教令集』を編纂した。ドミニコ会総長に選ばれ、優れた諸規定を発布して会を治めた。特に優れた著作は、ゆるしの秘跡を正しく有益に執行するために書かれた『良心問題大全』である。一二七五年に死去。

第一朗読　1月7日（または祝日共通）

第二朗読　聖ライムンド司祭の手紙

愛と平和の神が、あなたがたの心を平和にしてくださるように

真理の宣教者パウロが、「キリストに結ばれて信心深く生きようとする人は皆、迫害を受けます」[1]と言ったのは、偽りのない全く真実なことです。ですから、だれ一人としてこの一般法則を免れることはできないと思います。ただし、「この世で、思慮深く、正しく、信心深く生活する」[2]ことを怠る者、またはそうすることを知らない者は別ですが…。

しかし、あなたがたは平穏無事な家に住み、主のこらしめを受けることもなく、よいもので満たされて生涯を送った後、思わぬときに地獄に落ちる者の一人となってはなりません。

あなたがたは神のみ心にかない、清く敬虔《けいけん》であるからこそ、多くの痛手を受けて、完全に澄みきった純潔に至るように導かれます。それは、あなたがたの純粋な敬虔に対する報いでもあり、その

敬虔が要求することでもあります。もしも場合によって、二度も三度も剣で打たれるならば、それをすべて喜びとみなし、神の愛のしるしだと思わなければなりません。

諸刃《もろは》の剣とは、「外には戦い、内には恐れ」[3]のことです。「内に」二度も三度も剣で打たれるとは、悪魔がその策略と誘惑によって、人の心をかき乱すということです。あなたがたは、このような戦いを今まで十分に経験したことでしょう。そうでなければ、今持っているような美しい心の平和と静けさに至ることはできなかったはずです。

「外に」剣で二度も三度も打たれるとは、霊的なことがらに関して、理由もなく教会の人から迫害されるということです。その際、友人たちが傷を加えるならば、それは最も苦しい痛手です。

これこそ、真に望ましい幸いなキリストの十字架です。あの実に男らしいアンデレは、喜びにあふれる心で十字架を抱きしめ、神が「選んだ器」[4]であるパウロは、十字架だけを誇りとしなければならないと言いました。[5]

ですから、「信仰の創始者、また完成者であるイエスを見つめ」[6]なさい。主は全く罪のない方でありながら、ご自分の仲間からも苦しめられ、「罪びとの一人に数えられました。」[7]そして主イエスのすばらしい杯を飲み、[8]すべての恵みの与え主である主に感謝しなさい。

「愛と平和の神」[9]があなたがたの心を平和にし、あなたがたの旅路を急がせてくださいますように。人々の撹乱《かくらん》からあなたがたを守って、しばしの間、神の顔の隠れ場に隠してくださいますように。[10]あなたがたが美しい平和な住まい、安らかな宿、憂いなき休息の場所に[11]永遠に住まう、あの満ち足りた状態に導き入れられ、そこに住まいを定めるその日まで。

1 二テモテ3・12　2 テトス2・12　3 二コリント7・5　4 使徒言行録9・15　5 ガラテヤ6・14参照　6 ヘブライ12・2　7 イザヤ53・12　8 詩編23・5参照（ヴルガタ）　9 二コリント13・11　10 詩編31・21参照　11 イザヤ32・18参照

待降節

第一週

主　イザヤ 1•1-18
月　イザヤ 1•21-27；2•1-5
火　イザヤ 2•6-22；4•2-6
水　イザヤ 5•1-7
木　イザヤ 16•1-5；17•4-8
金　イザヤ 19•16-25
土　イザヤ 21•6-12

第二週

主　イザヤ 22•8 b-23
月　イザヤ 24•1-18
火　イザヤ 24•19～25•5
水　イザヤ 25•6～26•6
木　イザヤ 26•7-21
金　イザヤ 27•1-13
土　イザヤ 29•1-8

第三週

主　イザヤ 29•13-24
月　イザヤ 30•18-26
火　イザヤ 30•27-33；31•4-9
水　イザヤ 31•1-3；32•1-8
木　イザヤ 32•15～33•6
金　イザヤ 33•7-24

12月17日～24日

12月17日　イザヤ 45•1-13
12月18日　イザヤ 46•1-13
12月19日　イザヤ 47•1,3 b-15
12月20日　イザヤ 48•1-11
12月21日　イザヤ 48•12-21；49•9b-13
12月22日　イザヤ 49•14～50•1
12月23日　イザヤ 51•1-11
12月24日　イザヤ 51•17～52•2,7-10

降誕節

主の公現前

主の降誕　イザヤ 11•1-10
聖家族　エフェソ 5•21～6•4
12月29日　雅歌 1•1-8
12月30日　雅歌 1•9～2•7
12月31日　雅歌 2•8～3•5
1月1日　ヘブライ 2•9-17
1月2日　雅歌 4•1～5•1
1月3日　雅歌 5•2～6•3
1月4日　雅歌 6•4～7•10
1月5日　雅歌 7•11～8•7
1月6日　イザヤ 49•1-9 a
1月7日　イザヤ 54•1-17

主の公現後

主の公現　イザヤ 60•1-22
公現後月　イザヤ 54•1-17
公現後火　イザヤ 55•1-13
公現後水　イザヤ 56•1-8
公現後木　イザヤ 59•15-21
公現後金　バルク 4•5-29
公現後土　バルク 4•30～5•9
主の洗礼　イザヤ 42•1-9；49•1-9

「読書」第一朗読　二年周期朗読配分　　第一周年(奇数年)

待降節

第一週

主　イザヤ 6・1−13
月　イザヤ 7・1−17
火　イザヤ 8・1−18
水　イザヤ 8・23 b ～9・6
木　イザヤ 10・5−21
金　イザヤ 11・10−16
土　イザヤ 13・1−22 a

第二週

主　イザヤ 14・1−21
月　イザヤ 34・1−17
火　イザヤ 35・1−10
水　ルツ 1・1−22
木　ルツ 2・1−13
金　ルツ 2・14−23
土　ルツ 3・1−18

第三週

主　ルツ 4・1−22
月　歴代誌上 17・1−15
火　ミカ 4・1−7
水　ミカ 4・14～5・7
木　ミカ 7・7−13
金　ミカ 7・14−20

12 月 17 日～24 日

12 月 17 日　イザヤ 40・1−11
12 月 18 日　イザヤ 40・12−18, 21−31
12 月 19 日　イザヤ 41・8−20
12 月 20 日　イザヤ 41・21−29
12 月 21 日　イザヤ 42・10−25
12 月 22 日　イザヤ 43・1−13
12 月 23 日　イザヤ 43・18−28
12 月 24 日　イザヤ 44・1−8, 21−23

降誕節

主の公現前

主の降誕　イザヤ 11・1−10
聖 家 族　エフェソ 5・21～6・4
12 月 29 日　コロサイ 1・1−14
12 月 30 日　コロサイ 1・15～2・3
12 月 31 日　コロサイ 2・4−15
1 月 1 日　ヘブライ 2・9−17
1 月 2 日　コロサイ 2・16～3・4
1 月 3 日　コロサイ 3・5−16
1 月 4 日　コロサイ 3・17～4・1
1 月 5 日　コロサイ 4・2−18
1 月 6 日　イザヤ 42・1−8
1 月 7 日　イザヤ 61・1−11

主の公現後

主の公現　イザヤ 60・1−22
公現後月　イザヤ 61・1−11
公現後火　イザヤ 62・1−12
公現後水　イザヤ 63・7−19
公現後木　イザヤ 63・19 b ～64・11
公現後金　イザヤ 65・13−25
公現後土　イザヤ 66・10−14, 18−23
主の洗礼　イザヤ 42・1−9；49・1−9

聖ヨハネ(十字架の)
1542年頃～1591年。カルメル会司祭、教会博士。
Subida del monte Carmelo, Lib. 2, Cap.22 : BAC 15, 681-682 ———— 27
Cántico espiritual, Red. B, str. 36-37 : BAC 15, 1136. 1138 ———— 150

聖ヨハネ(ダマスコ)
675年頃～750年頃。ダマスコの司祭、教会博士。
Expositio de Declaratio Fidei, Cap. 1 : PG 95, 417-419 ———— 133

聖ヨハンナ・フランシスカ・ド・シャンタル
1572年～1641年。聖母訪問会の創立者。
Françoise-Madeleine de Chaugy, Mémoires sur la vie et les vertus de Sainte J.-F. de Chantal, III, 3 : 3e édit., (Paris 1853), 306-307 ———— 146

聖ライムンド(ペニャフォル)
1175年頃～1275年。ドミニコ会司祭。
Epistola : Monumenta Ord. Praed. Hist. 6, 2 (Romae 1901), 84-85 —— 171

聖レオ一世
400年頃～461年。ローマ教皇(在位440年～没年)、教会博士。
Epistola 31, 2-3 : PL 54, 791-792 ———— 57
Sermo in Nativitate Domini 1, 1-3 : SC 22, 66. 72-74 ———— 77
Sermo in Nativitate Domini 6, 2-3. 5 : SC 22, 126-128. 132-134 ———— 87
Sermo in Epiphania Domini 3, 1-3. 5 : SC 22, 202-210 ———— 109

—略号—

AAS	Acta Apostolicae Sedis
BAC	Biblioteca de Autores Cristianos
CCL	Corpus Christianorum series Latina
CSEL	Corpus Scriptorum Ecclesiasticorum Latinorum
PG	Patrologia Graeca
PL	Patrologia Latina
PLS	Patrologiae Latinae Supplementum
SC	Sources Chrétiennes

聖ベダ・ヴェネラビリス

673 年頃〜735 年。ベネディクト会司祭、教会博士。

Expositio in Lucam, Lib. 1, 46-55 : CCL 120, 37-39 —— 68

聖ペトロ・カニジオ

1521 年〜1597 年。イエズス会司祭、教会博士。

Scriptae : Edit. O. Braunsberger, Petri Canisii Epistulae et Acta, I (Friburgi Brisgoviae 1896), 53-55 —— 153

聖ペトロ・クリソロゴ

380 年頃〜450 年頃。ラヴェンナの司教、教会博士。

Sermo 147 : PL 52, 594-595 —— 33

Sermo 160 : PL 52, 620-622 —— 111

聖ベルナルド

1090 年〜1153 年。クレルボーのシトー会修道院長、教会博士。

Sermo 5 in Adventu Domini, 1-3 : Opera omnia, Ed. cisterc. 4, (1966) 188-190 —— 16

Homilia in Laudibus Virginis Matris 4, 8-9 : Opera omnia, Ed. cisterc. 4 (1966) 53-54 —— 63

Sermo 1 in Epiphania Domini, 1-2 : PL 133, 141-143 —— 81

聖マクシモ

580 年頃〜662 年。証聖者。

Capitum quinquies centenorum Centuria 1, 8-13 : PG 90, 1181-1186 —— 96

聖マクシモ(トリノ)

350 年頃〜420 年頃。トリノの司教。

Sermo 100 de sancta Epiphania, 1. 3 : CCL 23, 398-400 —— 120

聖ヨハネ・クリゾストモ

349 年頃〜407 年。コンスタンチノープルの司教、教会博士。

Homilia in Evangelium Ioannis 19, 1 : PG 59, 120-121 —— 129

聖トマス・ベケット

1118 年～1170 年。カンタベリーの司教。

Epistola 74 : PL 190, 533-536 —— 164

パウロ六世

1897 年～1978 年。ローマ教皇(在位 1963 年～没年)。

Allocutio habita Nazareth 5 ianuarii 1964 : AAS 56 (1964) 167-168 —— 79

聖バジリオ

330 年～379 年。カエサリアの司教、教会博士。

Liber "De Spiritu Sancto", Cap. 26, 61. 64 : PG 32, 179-182. 185-186 —— 92

聖ヒッポリト

170 年頃～235 年頃。ローマの司祭、対立教皇、殉教者。

Tractatus Contra haeresim Noeti, Cap. 9-12 : PG 10, 815-820 —— 70

De refutatione omnium haeresum, Cap. 10, 33-34 : PG 16, 3451-3454 —— 84

Sermo in sancta Theophania 2. 6-8. 10 : PG 10, 853-854. 857-862 —— 113

ファウスト(リエ)

410 年頃～490 年頃。フランスのレランスの修道院長、リエの司教。

Sermo 5 de Epiphania, 2 : PLS 3, 560-562 —— 122

聖フランシスコ・ザビエル

1506 年～1552 年。イエズス会司祭。

Litterae ad sanctum Ignatium, 4(1542). 5(1544) : Monumenta Historica Societatis Iesu 67 (Romae 1944), 147-148. 166-167 —— 131

聖フルゲンチオ(ルスペ)

467 年頃～532 年。北アフリカのルスペの司教。

Sermo 3, 1-3. 5-6 : CCL 91 A, 905-909 —— 156

聖プロクロ(コンスタンチノープル)

？～446 年。コンスタンチノープルの司教。

Oratio 7 in sancta Theophania, 1-3 : PG 65, 757-760 —— 116

聖クォドヴルトデオ

400 年頃～453 年頃。カルタゴの司教。

Sermo de Symbolo 2 : PL 40, 655 ——— 162

聖グレゴリオ(ナジアンズ)

330 年～389(90)年。カッパドキアのナジアンズの司教、教会博士。

Oratio 45, 9, 22. 26. 28 : PG 36, 633-636. 653-654. 657-662 ——— 13

Oratio 39 in sancta Lumina, 14-16. 20 : PG 36, 349-354. 357-360 — 101, 124

Oratio 43 in laudem Basilii Magni, 15. 16-17. 19-21 : PG 36, 513-514. 517-524 ——— 169

クレメンス十三世

1693 年～1769 年。ローマ教皇(在位 1758 年～没年)。

2 febr. 1767 : Bullarii romani continuatio, IV, pars II (Pratis 1843), 1314-1316 ——— 154

第二バチカン公会議

1962 年～1965 年。

Constitutio dogmatica de Ecclesia, Cap. 7, 48 ——— 29

Constitutio dogmatica de divina revelatione, Cap. 1, 3-4 ——— 49

聖チプリアノ

210 年頃～258 年。カルタゴの司教、殉教者。

Tractatus de bono patientiae, Nn. 13. 15 : CSEL 3, 406-408 ——— 23

聖チリロ(アレキサンドリア)

370 年頃～444 年。アレキサンドリアの司教。

Commentarium in Ioannis Evangelium, Lib. 5, Cap. 2 : PG 73, 751-754— 118

聖チリロ(エルサレム)

315 年～386 年。エルサレムの司教、教会博士。

Cathechesis 15, 1-3 : PG 33, 869-874 ——— 9

ディオグネトスへの手紙

2～3 世紀、作者不詳。

Epistola ad Diognetum, Cap. 8, 5-9, 5 : Ed. Funk 1, 325-327 ——— 59

イサク(ステラ)

1110年～1169年頃。フランスのステラの修道院長。

Sermo 51 : PL 194, 1862-1863. 1865 ———— 38

聖イレネオ

130年頃～200年頃。リヨンの司教、教会博士。

Adversus haereses, Lib. 5, 19, 1 ; 20, 1 : SC 153, 248. 260-264 ———— 36

Adversus haereses, Lib. 4, 20, 4-5 : SC 100, 634-640 ———— 47

Adversus haereses, Lib. 3, 20, 2-3 : SC 211, 388-394 ———— 61

エウセビオ(カエサリア)

260年～339年頃。カエサリアの司教。

Commentarium in Isaiam, Cap. 40 : PG 24, 365-368 ———— 25

Historia Ecclesiastica, Lib. 10, 1-3 : PG 20, 841-848 ———— 166

聖エフレム

306年頃～373年。シリアの助祭、教会博士。

Commentarium in Diatessaron, Cap. 18, 15-17 : SC 121, 325-328 ———— 18

聖カロロ・ボロメオ

1538年～1584年。ミラノの大司教。

Litterae pastorales : Acta Ecclesiae Mediolanensis, t. 2, (Lugduni 1683) 916-917 ———— 11

ギョーム(サン・ティエリ)

1080年頃～1148年。ベネディクト会士、フランスのサン・ティエリの修道院長。

Tractatus De contemplando Deo Nn. 9-11 : SC 61, 90-96 ———— 42

キリストにならいて

トマス・ア・ケンピス(1379年頃～1471年)の作と伝えられる。

Liber “De imitatione Christi” 2, Cap. 2-3 ———— 45

第二朗読出典索引

聖アウグスチヌス

354年〜430年。北アフリカのヒッポの司教、教会博士。

Enarratio in Psalmos 110, 1-3 : CCL 40, 1601-1603 —— 31
Sermo 293, 3 : PL 38, 1328-1329 —— 40
Enarratio in Psalmos 38, 13-14 : CCL 38, 391-392 —— 51
Sermo 185 : PL 38, 997-999 —— 72
Tractatus in Ioannis Evangelium 17, 7-9 : CCL 36, 174-175 —— 94
Sermo 194, 3-4 : PL 38, 1016-1017 —— 99
Sermo 128 in Natali Domini, Cap. 1 : PL 39, 1997-1998 —— 104
Tractatus in Ioannis Evangelium 123, 5 : CCL 36, 678-680 —— 135
Contra Faustum, Lib. 20, 21 : CSEL 25, 562-563 —— 143
Tractatus in Epistolam Ioannis 1, 1. 3 : PL 35, 1978-1980 —— 159

聖アタナシオ

295年頃〜373年。アレキサンドリアの司教、教会博士。

Epistola ad Epictetum, 5-9 : PG 26, 1057-1058. 1061-1066 —— 89

聖アンセルモ

1033年〜1109年。カンタベリーの大司教、教会博士。

Liber "Proslogion", Cap. 1 : Opera omnia, Ed. Schmitt, (Seccovii 1938) 97-100 —— 20
Oratio 52 : PL 158, 955-956 —— 141

聖アンブロジオ

340年頃〜397年。ミラノの司教、教会博士。

Expositio Evangerii secundum Lucam, Lib. 2, 19. 22-23. 26-27 : CCL 14, 39-42 —— 65
Epistola 2, 1-2. 4-5. 7 : PL 16, 879-881 —— 139
Liber "De Virginitate", Cap. 12, 68. 74-75 ; 13, 77-78 : PL 16, 283-286 — 148

翻訳監修者

土屋吉正　東門陽二郎　中垣　純　P.ネメシェギ

翻 訳 者

家入敏光　奥村一郎　小高　毅　国井健宏　小林　稔
沢田和夫　塩谷惇子　女子カルメル会(北海道)　高橋重幸
高橋正行　土屋吉正　長江　恵　P.ネメシェギ　G.ネラン
J.フィルハウス　深堀　敏　古川　勲　古田　暁　宮越俊光
宮本久雄

編集実務者

関根英雄　田代和生　南雲正晴　宮越俊光　吉池好高

毎日の読書■「教会の祈り」読書 第二朗読■第一巻

発行日 1989年11月10日初 版
　　　 2015年 1 月25日第5版
編集•監修 日本カトリック典礼委員会
発　　行 カトリック中央協議会
　　　　 東京都江東区潮見2-10-10 日本カトリック会館
　　　　 〒135-8585 ☎03-5632-4411
印　　刷 株式会社 精興社

ISBN978-4-87750-412-0 C0316